觉醒的父母

王俊峰——著

方法篇

北京理工大学出版社
BEIJING INSTITUTE OF TECHNOLOGY PRESS

图书在版编目（CIP）数据

觉醒的父母. 方法篇 / 王俊峰著. —北京：北京
理工大学出版社，2023.6

ISBN 978 – 7 – 5763 – 2147 – 0

Ⅰ. ①觉… Ⅱ. ①王… Ⅲ. ①家庭教育 Ⅳ. ①G78

中国国家版本馆CIP数据核字（2023）第031579号

出版发行 / 北京理工大学出版社有限责任公司

社　　址 / 北京市海淀区中关村南大街5号

邮　　编 / 100081

电　　话 / （010）68914775（总编室）

　　　　　（010）82562903（教材售后服务热线）

　　　　　（010）68944723（其他图书服务热线）

网　　址 / http://www.bitpress.com.cn

经　　销 / 全国各地新华书店

印　　刷 / 河北盛世彩捷印刷有限公司

开　　本 / 710毫米 × 1000毫米　1 / 16

印　　张 / 14　　　　　　　　　　　　　　　责任编辑 / 李慧智

字　　数 / 140千字　　　　　　　　　　　　文案编辑 / 李慧智

版　　次 / 2023年6月第1版　2023年6月第1次印刷　责任校对 / 刘亚男

定　　价 / 59.00元　　　　　　　　　　　　责任印制 / 施胜娟

图书出现印装质量问题，请拨打售后服务热线，本社负责调换

目 录

第五章
会学习、爱学习、能学习，培养孩子不用督促的学习力

第六章
提升孩子的复原力，激发孩子不向困难屈服的勇气和干劲

第一章
营造温馨的家庭环境，给孩子一个爱的港湾

爱的港湾：
创造好的家庭环境，让孩子喜欢这个家

曾经有个孩子问我："王老师，如果我现在想单独出去生活可以吗？"我说："你多大年龄了？"他说："我13岁。"您想，一个13岁的孩子为什么想出去单独生活？他后来说，我妈妈和爸爸吵架，爸爸每次生气的时候都说我是个累赘，说要不是生下我，他俩早就离婚了。然后孩子越说越委屈，他说："我也不知道，我要来到这个世界上啊。他每次说完这样的话以后，我一晚上都睡不着觉，有的时候我想哭，又怕他们骂我，我只好把头钻在被窝里面掉眼泪。"一个13岁的孩子被伤透了心，所以想出去自己独立生活。

对一个孩子来说，家庭氛围非常重要。只有充满爱和平和的家庭，才能给孩子提供情感上的安全感。您给孩子买好房子，让孩子去好学校读书，您给孩子创造了很多好的环境，但是却把家庭变成了一个战场。那么什么样的家庭氛围对孩子是有益的呢？我们从三个方面来看。

关系融洽的家庭

您想想，这个 13 岁的孩子，无论父母对他的教育付出了什么，都功亏一篑了。爸爸情绪激动的时候，居然指着孩子说，如果不是你，我俩早就离婚了。什么样的人才能说出这样的话来？这对一个孩子来说造成多大的伤害啊？我后来和这个孩子的父母沟通，我说如果想让孩子变好，你们的关系必须改善，不然就把孩子害了。

这对爸爸妈妈倒不是不明事理的人，他们也知道他们的错误，但是就是难改。我说那你俩如果不行，就有一个人先离开。要不就爸爸先离开，让孩子跟妈妈生活。你们两个人先一个月不要联系。后来差不多一个月的时候，这个爸爸自己回来了，并且说他以后再也不乱发脾气了。为什么？他觉得一个人生活也挺孤独。我想，可能还包括他自己也照顾不好自己。我说："你那么大个男人，怎么不在外面好好生活呀？"他自己后来说真话了，说自己吃也不行，住也不行，孤独一个人很难受。

所以，家长不要自以为是了，很多时候，有孩子在这个家庭当中还是好的。有孩子给你带来快乐、带来希望，有你的另一半给你带来温暖，关心你照顾你。为什么我们要身在福中不知福呢？另外，大家认为，在一个小家庭当中，跟我们自己最相关的两个人是谁？我们已经成家，与您幸福最相关的已经不是您的父母了。咱们说得粗一点，一个是跟您一起生孩子的那个

人，一个是您生下的这个人，对不对？这两个人，决定着您的幸福指数。因此，我总说，咱们一定要感谢这个和您一起合作的人。两个人不能互相抱怨，您觉得对方不管孩子，觉得自己工作很辛苦，说白了，两个人就是一天天互相摆功，没有任何感恩之心。

无论您家是夫妻俩带孩子，还是由祖辈带孩子，或者是您一个人带孩子，只要家庭氛围是融洽的，对孩子就好。如果家庭氛围不融洽，哪怕全家都来给孩子服务，也没有用。有些时候，婆媳之间、夫妻之间甚至经常因为孩子的教育问题发生口角，这对孩子来说，是巨大的压力和伤害。

我经常在直播间举一个例子，说一个老公喝多了，回来就跟媳妇吵架，吵得非常厉害，每次喝完酒一定会吵，吵到孩子睡眠质量越来越差。夫妻俩或许觉得，孩子已经上初中了，他们的这种行为对孩子影响不大。但实际上，这个男孩子本来成绩很好，后来由于家庭氛围不行，成绩就落到中等位置，并且孩子特别痛苦。关系融洽的家庭培养出的孩子，心态也会更好。父母营造的家庭氛围积极乐观，夫妻关系融洽，孩子也会更有力量。

这里的家庭关系融洽，还包括夫妻教育思路的一致。在家庭中，如果夫妻关系不健康，教育思路不统一，理念不一致，最后只能给孩子带来伤害。人并不是到了一定年纪就自然成熟了，很多家长的心智依然非常不成熟。您想问题的角度是否全面？遇到事情的时候，是否有冷静处理的能力？今天，有很多家长经历不够丰富，特别是爸爸们，有了孩子之后也没怎么参与教育，心智就依然很不成熟。

爱学习的家庭

家庭关系融洽是好的家庭氛围的基础。向上提升一步，就是要为孩子打造一个好的家庭学习氛围。一般来说，爱学习的家庭可以给孩子一种非常平和的感受。爱学习的父母不一定是高学历的父母，学历只能代表一个人的过去。人只有不断学习，才能始终拥有旺盛的生命力。在我接触的人当中，凡是取得了一定成就的人，无一不是在持续学习。而凡是爱读书的家庭，培养的孩子一定都不会太差。

爱学习的家庭都比较重视教育，家长不会只顾着自己赚钱，而忽略与孩子的沟通。家庭是令孩子受益一生的学校。对孩子来说，最好的老师就是自己的父母。我们都知道孟母三迁的故事，这类家长不仅在自己家中营造好的学习氛围，如果周边的环境是急功近利的、是对学习无所谓的，家长也接受不了，会想办法改善孩子的环境。

所以，今天我们要时刻反思，重视家庭教育先得重视什么？我想，先得重视家庭的构建，如果爸妈没有理想、没有信念、没有追求，就不能培养出有理想、有信念、有追求的孩子。在一个重视教育的家庭当中，爸爸妈妈一定可以关注到孩子的每一点进步，所以，爱学习的家庭都是良性发展的，而那些不爱学习的家庭就有可能陷入恶性循环。

有远见的家庭

最后，一个有远见的家庭，对孩子至关重要。有远见的父母都是温和沉稳的，而那些脾气火暴的家长往往是急功近利的。我一直强调，教育孩子最怕的就是家长的短视。有的父母想让孩子考试成绩好，就让孩子在考试前这段时间拼了命学，等考试完了，就放松了；到了下次考试快要来临的时候，家长又开始盯着。这样循环往复，孩子就像猴皮筋一样，被反复拉扯，就失去了弹性，更有甚者，直接给孩子拉扯坏了。

有的父母，把教育孩子当作事业一样看待，有的父母，把教育孩子当作负担。对孩子的培养，不能好一阵坏一阵；也不能一会儿盯，一会儿不盯。这样反复，孩子教育的问题会更大。因此，做有远见的父母，温和、持久、耐心地对待孩子，才能让孩子健康地成长。孩子的天赋是不是能及早地被发现，孩子是不是能更好地发挥优势，都能体现出父母有没有远见。说实话，教育孩子的黄金时期就那么短短 10 年左右。父母如果没有远见，可能就会错过这个黄金的窗口期。

 峰哥语录

- 夫妻和谐是送给孩子最好的礼物，也是家庭幸福的基础。

- 最好的学校是家庭，最好的老师是父母。
- 有远见的父母都是温和沉稳的，急功近利的父母就会越来越焦虑，越来越急躁。

轻松氛围：
为孩子提供情感上的安全感

一个孩子就像一颗种子，您要给这颗种子所需要的东西，它才会长得好。您只有给足了孩子最需要的东西，它才会开花结果，对吗？孩子最需要的就是安全感。但是，现在我们很多父母在做什么呢？家里完全没有一个家该有的样子，氛围紧张、剑拔弩张，成年人彼此之间都没有感恩之心，那么孩子就不会好。接下来，我们就来了解一下为孩子营造有安全感的氛围的重要性；再来看看，如何为孩子营造出有安全感的氛围。

有安全感的氛围很重要

有安全感的家庭氛围会令每一个人在家里面都感到舒服，家庭成员都比较放松，家里面时常有笑声。我知道，很多的家庭很长时间没有笑声了。孩子把笑声留给别人，把郁闷的心情带回家，爸爸妈妈把笑脸留给别人，把愁眉苦脸留给自己的家人。这是很多家庭存在的问题。

　　人在家庭当中，本应该是彼此无话不谈的，而今天的状况是，很多孩子在外面受了欺负，却不跟爸爸妈妈说。我看到，很多孩子遭遇校园暴力，回家不敢跟爸爸妈妈说。因为一旦说了，爸爸妈妈还是不理解，甚至还责骂他。孩子宁愿在外面受罪受苦，都不愿意在家里谈，甚至他认为他来到这个世界上就是一种错误和痛苦。

　　无话不谈的氛围是很难的，在整个家庭当中，人们总是觉得想说的没人听，想听的没人说。我们作为家长，要努力让家里笑声多一点儿，哭闹声少一点儿，把整个家庭氛围弄好。只有氛围弄好了，家庭成员之间才有可能无话不谈，轻松自在地交流内心的感受。您想，如果您家的孩子跟您交流得很好，您一定觉得幸福感满满，而我们有的家长不是这样。

　　我记得有个家长和我说，突然有一天儿子跟他谈梦想，说想当一个宇航员，要成为世界上最伟大的宇航员。接着说，他看人家进了太空站以后，怎么怎么样，滔滔不绝。结果，这位家长听不懂，一拍桌子说："别给我胡扯！连作业都写不完，还给我上什么？还上船？"想想看，儿子以后还跟这样的家长交流吗？

　　很多时候，孩子不是不想说，而是因为他说了您听不懂，您就认为他在胡说。现在确实有这个问题，孩子的信息量比您大多了，他们脑子里的东西比您多。有个家长跟我说，他是当老师的，他每天接收的信息量够多，但是，有的时候还是不如他家孩子。真的是这样，现在的孩子，您都想象不到他有多厉害。

　　另外，家庭氛围不仅会影响孩子获得情感上的安全感，还会

影响孩子性格特质的发展。如果家庭氛围是家庭成员之间宽容、谦和、忍让，那么，这类家庭的孩子就会觉得宽容、谦和、忍让是人们彼此相互支持时应该做的。如果爸爸在家里强硬、权威，妈妈宽容、顺从，那么男性主义就可能成为这个家庭的氛围。在这样的家庭中长大的孩子，男孩子就可能缺乏共情能力，不太懂得尊重女性；女孩子就可能容易自卑怯懦，长大后还会倾向于和那些表现出控制欲的男人发展情感关系。

为孩子打造一个有安全感的家

有安全感的家庭氛围最重要的一点，就是在这个家里的人能够被家人理解和耐心地帮助。一个家庭成员有问题、有困惑，大家不是抱怨，而是愿意支持他，就是好的氛围。彼此之间有感恩的心，这样孩子在一个懂得感恩的氛围里，也会成为懂得感恩的人。

我给大家说说我太太的事情，她真是特别会鼓励我，把我鼓励得哪怕满嘴都起泡，也能活力满满地坚持工作。我通常下播都比较晚，我太太就把水果洗好了，猕猴桃已经切成片儿了。她说，这个猕猴桃啊，是补充维生素的，对口腔溃疡好，必须得吃。我说为啥？她说吃了说话效果更好，你看你最近说话总是不够清晰，家长要是听不清怎么办啊。然后，还告诉我的小助理：王老师不能喝凉水，喝凉水他胃疼，要喝热水，烫嘴的也不行啊。她不在我面前说，就在门外面说，知道我在里面都能听得见。我有时候早晨想多睡会儿觉，她就说你不是跟大家说了 365 天都要坚持吗？你得说话算话呀。你要是累了，觉得腰酸背疼，我可以给你揉一揉。类似这种事很多。我就觉得我太太这么关心我、鞭策我，我要更加努力地工作。

人在家庭当中，真的是这样。只要有家人关心你，你就有力量，是不是？所以，假设您的伴侣在拼事业，或者在工作当中遇到迷茫，您要支持、理解。您的孩子学习上、生活上有困难了，您要给予帮助。这样的话，孩子也舒服，学习也有动力。如果父母之间存在激烈的冲突，那么冲突就有可能成为这个家庭的氛围，孩子也会变得好胜心极强，甚至输不起，抗挫折能力也会变得更差。

当然，有的家庭实在走不下去，也没办法。但是，家长们要明白，实在不行就分开，也比让孩子每天听着父母吵架强。如果父母真的分开了，无论孩子跟着谁，家长都要格外注意一点，千万不要讲对方的坏话，在孩子面前无条件地把对方作为家长这个形象托起来。在孩子面前说对方的不是，说对方不负责任，一点儿家庭责任感也没有，这是愚蠢的。愚蠢的妈妈才会在孩子面前毁坏爸爸的形象；小心眼的男人也会在孩子面前说，你妈不行！我今天说的家庭和睦，是无论家长还在不在一起生活都要努力经营的一件事儿。无论是爸爸还是妈妈，自己反省自己的不足，自己做好自己的事情。

家庭和睦还有一个作用，就是保证我们父母的意见一致，这样孩子才不会混乱。父母的观点不一致，爸爸认为这样，妈妈认

为那样。两个人还全都是一瓶子不满半瓶子晃荡，最后把孩子弄得实在是没有办法去学习和成长。父母还说我们为了孩子怎么样，您为了孩子就应该把自己不成熟的想法先收一收，把彼此的情绪先放一放，一起探讨、一起分析、一起解决生活中遇到的问题。这样，我们就为孩子打造了一个有安全感的家。

峰哥语录

- 一个孩子幸福的童年是从小生活在温和、和睦的家庭之中。
- 自卑是原生家庭从小影响的，家庭和睦最重要。

平等交流：
尊重孩子，打造更好的亲子关系

在好的家庭氛围中，家长能够尊重孩子，耐心地倾听孩子。在与孩子沟通的过程中，家长会避免处于强势的主导地位，他们会站在与孩子同样的位置，与孩子平等地交流。这样，家长可以和孩子更好地联结，进而拥有更好的亲子关系。具体来说，家长可以从以下三个方面进行尝试。

让一让孩子

首先，在孩子还比较小的时候，我认为，您应当有意识地让一让孩子。这样，可以更好地实现与孩子平等交流。为什么这么说呢？我举个例子。

我昨天直播完，陪孩子打了会儿篮球，我们家孩子每一次定点投篮都比我厉害。当时，旁边有两个阿姨在看，说这个娃娃厉害啊。回来以后，我们家孩子心情就特别好，跟我说："爸爸跟我下会儿五子棋吧。"我说："行啊。"结果，下五子棋的时候，

我就没有让他一次又一次地赢过我，下了三次他都输了，他就说不下了。我问他为什么，他告诉我，已经输了三次，他不想下了。当时我听完就觉得，不管是大人、小孩，都有想胜利的心。他投篮投了一次比我厉害，投了两次比我厉害，投了三次还是比我厉害的时候，我说回家，他还说不回，而下棋输了三次，他就不愿意下了。

因此，每一个孩子都想取得成就。所以，平等交流的前提是，不要让孩子总觉得自己不如父母。当然，也不必每一次都让孩子赢，但孩子赢的时候，父母一定要去强化这个成就感，和您家孩子说："你比我想象得要优秀，你真的是我的骄傲，是全家的骄傲。"这就是在给他力量。我相信，每一次父母给的力量都会变成孩子人生的力量。如果我们没有这样去做，孩子身边也没人这样去做，一个幼小的心灵得不到成就感，他就没有想上进的这份心了。长此以往，孩子觉得自己不如父母，觉得自卑，何谈与父母平等的交流呢？

尊重与孩子的约定

另外，我们作为家长还要注意的是，尊重与孩子共同制定的规则、原则。我举个反面的例子。在我们第一次进行"梦想百日计划"的时候，我让孩子们去执行百日计划，每个星期六晚上要讲课。我记得，有一个小女孩执行得特别好，每次都按时来报到，但突然有一天她妈妈说："王老师，我家孩子最近不执行了。"

后来，我经过了解，才知道是爸爸首先带她破坏了规则。当时，我们是星期六晚上 7:00—9:00 讲课。那会儿，因为快过春节了，爸爸就领着小女孩逛超市去了，逛超市回来就已经 8:20 了，小女孩听课就跟不上了，跟不上以后她就不想听了。小女孩不想听了，她妈妈就吼她，说："你为啥不听？人家都能听，你咋不听？你为什么这么言而无信？"

我就问各位家长，影响孩子坚持的原因是不是父母先破坏了的规则。爸爸领着孩子逛超市，把孩子坚持的这个点给打破了，人家孩子不想听了，你做家长的又怨孩子。很多时候都是这样的，明明是自己做了错事，结果都怨孩子。这就是父母与孩子极大的不平等。您这么做父母，孩子只能离您越来越远。

我再给大家举一个正面的例子。一次我跟我家儿子去篮球场打篮球，看到一个爸爸也正领着他的儿子在那儿打篮球。那段时间还比较热，打得累了，爸爸就坐在墙角休息。儿子过来说，爸爸咱们回家吧。爸爸看了一下表，说还有几分钟，你就再玩儿一会儿。就这样一个动作，我当时就觉得如果家庭都是这样的话，该多好呀！很多孩子想出去玩，家长不让玩；而人家这个家庭是孩子看爸爸累了，主动要求回去，爸爸也遵守时间，说还没到时间呢，让儿子再玩一会儿。大多数家庭把这件事儿都做反了是不是？孩子在规定好的时间玩够了，回家才能更好地做自己的事儿。上面的那位爸爸尊重约定，和孩子平等地交流，因此，整个家庭氛围也特别好。

既要耐心听，也要多反馈

家长要明白，沟通这件事一定是双向的，不是您说、孩子听，当然也不是孩子说、您听。因此，在与孩子沟通的时候，家长不能只顾自己说得痛快，也要多听孩子的表述；同时，也不能听完丝毫不反馈。为了避免说教和唠叨，您当然可以不那么畅所欲言，说得少一点，或者比较谨慎地说，但是您不能完全不反馈。

专心地听孩子说话，能使孩子感到备受尊重。孩子感到自己被尊重了，当然就比较愿意说出自己的想法，您沟通的目的也就达成了，而您对孩子有正面的反馈，可以让孩子觉得与您非常平等。这样，孩子就会更愿意交流。您在专注地倾听时，还能注意到孩子的表情甚至是微表情，您能够与孩子很近，感受到他们的目光，这些都有助于您进一步了解孩子，也会让孩子觉得与您更亲密。

批评少一点，鼓励多一点，是与孩子愉快沟通的前提，谁也不愿意在聊天的时候总是被指责。充满训斥的交流不叫沟通，那不能帮助孩子成长，反而会严重地伤害亲子之间的关系。家长应当在沟通中鼓励孩子，这样，才是亲子之间应该有的状态。

 峰哥语录

- 赢得孩子合作的最好途径就是平等、尊重地解决问题。
- 好的沟通要学会换位思考、接纳、理解。

情绪稳定：
父母不要忽好忽坏，让孩子手足无措

情绪稳定的父母，对孩子来说非常重要。孩子对家长的情绪是非常敏感的，如果家长的情绪总是忽好忽坏，孩子就会长期处于战战兢兢、手足无措的状态。下面，我们就来看看"情绪型"家长的危害，再来看看如何成为情绪稳定的父母。

"情绪型"家长的危害

据我了解，很多家长都是这样：顺心的时候，孩子做什么都行；不顺心的时候，孩子做什么都是错的；心情好了，孩子怎么做都行，飞在天上都行；心情不好了，就"收拾"孩子，把孩子"收拾"得特别惨。您想想，您是不是这样的？这就是典型的"情绪型"家长，情绪忽好忽坏。

您可能觉得，偶尔发顿无名火，心情不好的时候就懒得管孩子，这都没什么。实际上，这么做的危害是很大的。家庭氛围的舒适与稳定，对孩子健康人格的形成非常重要。可以说，自信、

自尊的孩子背后，一定是情绪稳定的父母。每个成年人都有心情不好的时候，您可以有一万种解决坏情绪的办法，但是，绝对不包括对孩子发泄。

有位家长曾经跟我说过，她家孩子身体很健康，平时几乎不生病，但是每隔一段时间，就会莫名其妙地闹肠胃炎。去医院检查，又查不出什么结果，没两天就自愈了。后来，这位妈妈自己观察出了规律。她发现，每次她和老公吵架，就会变得情绪不好，而这种情绪她常常会发泄在孩子身上。情绪不好的时候，看孩子干什么都不顺眼。因为，平时她总是对孩子轻声细语的，可能孩子就会比较容易受到惊吓。

那么，孩子为什么会自愈了呢？孩子一旦生病了，父母的问题都会暂时放下，先齐心地照顾孩子。这时，家里的氛围又恢复了和睦，孩子的情绪好了，身体也就好了。显而易见，因为"情绪型"家长忽好忽坏，导致孩子战战兢兢、手足无措，已经严重影响了孩子的身体健康。有研究表明，当人们受到惊吓的时候，身体健康是会受到影响的。不仅如此，孩子的自信心和自尊心也会受到严重打击，因为，孩子并不知道自己做错了什么，就遭到了一顿训斥。

管理自己的情绪，成为情绪稳定的父母

那么，如何成为情绪稳定的父母呢？很多家长说，我也知道不应该被坏情绪左右，但遇见糟糕的事情，总是控制不住。关于如何管理情绪，我有几个小建议。

第一，告诉自己要冷静。无论遇到多么糟糕的情况，告诉自己要冷静。闭上眼睛，放空一下，或者做几个深呼吸，都有助于您对自己的情绪有更多的控制。当然，您也可以与自己约定一个特别的仪式。比如，当您感觉到自己可能要失控的时候，可以拍拍自己的身体，或者缓缓举起双臂，或者做其他什么事情。这么做的目的是，转移自己的情绪对象，避免把坏情绪一股脑地向孩子发泄。

第二，努力改变自己、提升自己，发现更多的生活情趣。您越强大，坏情绪越不容易对您"下手"。您的生活越丰富，越能够把自己从坏情绪的泥沼中拉出来。无论是读书、美食，还是走进大自然，保持对生活的好奇心，就不容易被坏情绪击倒。孩子与您非常亲近，很容易察觉到您的坏情绪，那么，就和孩子一起去探索生活的乐趣，坦诚地告诉孩子，我现在情绪不好，我们一起做点什么有意思的事吧。

第三，刻意练习，不在情绪差的时候指责孩子。什么是刻意练习呢？"刻意练习"是著名心理学家艾利克森提出的，他认为，无论在什么行业或领域，提高技能与能力的最有效方法都遵循一系列普遍的原则，他将这种通用的方法命名为"刻意练习"。为了这项研究，他在"专业特长科学"领域潜心几十年，研究对象包括一系列专家级人物：国际象棋大师、顶尖小提琴家、运动明星、记忆高手、拼字冠军、杰出医生等。这套方法就是：树立高目标并保持动力；反复练习形成套路；不断反馈和调整；跳出舒适区和停滞区。

我认为，这种练习方式同样适合改变"情绪型"家长的条件

反射。我在我的直播间给家长们上过很多次课，我觉得有一节非常重要，就是"21天不指责"。当然，关于养成一个新的习惯需要21天还是66天，或者更长的时间，学者们还有争论。但是，这不重要。我说过，育儿是一场修行。我希望，刻意练习不指责是您一生都在进行的练习。尤其不能在情绪差的时候指责孩子，因为，您的动作此时会变形，您会对自己失去控制。

第四，不要试图快速达成目标。如果您在练习"21天不指责"，您要告诉家人您正在做的事。例如，与孩子和伴侣商定一些关键词，让他们在有必要的时候使用这些关键词来提醒您要坚持自己的计划。如果在这21天当中，您无缘无故地指责了孩子，那么，就要重新开始计算时间。这种反复是很正常的。您要与自己签订一份协议，为了这个改变，您要努力去做，把它当作一项重要的工作来对待。在您终于完成之后，您可以与孩子一起搞一个庆祝仪式。

学会管理情绪是人成熟的标志之一。但是，很多家长还没学会情绪管理，就已经为人父母了。那么，就从现在开始，为自己补上这一课。不被坏情绪绑架，尤其是不把这种坏情绪发泄给孩子。

 峰哥语录

- 当父母无法控制情绪的时候，父母的语调和表情会对孩子造成伤害。
- 父母应该做情绪的主人，而不是做情绪的奴隶。

拒绝体罚：
不做"暴力型"父母，珍惜亲子之间的联结

　　父母与孩子的联结，并没有我们以为的那么牢不可破。的确，很多时候，我们和孩子的关系一度降到冰点，但是，后来孩子也和我们又和好了。这可能是您家孩子仁义，是您比较幸运。不要用"血浓于水""父子没有隔夜仇"这种话来安慰自己，亲子关系一旦遭到破坏，往往没有那么容易重建。

忘记"棍棒底下出孝子"

　　如果您在引导孩子的过程当中，对孩子总是动辄打骂，觉得自己要有家长的威严。那么，您八成是"暴力型"家长。我必须强调，"棍棒底下出孝子"这种话，您快点彻底忘掉。实际上，在孩子的成长过程中，如果您和孩子动过手，这种伤害和隔阂是很难消除的，可以说是最能破坏亲子之间的联结的。

　　奥地利著名心理和精神病理学家、个体心理学创始人阿尔弗雷德·阿德勒曾说过："儿童发展所存在的一个最大障碍，就是

如果他们不能取得好成绩就会受到家长的惩罚。如果一个孩子不能取得好成绩，他会发现他不会得到老师的喜爱。他在学校已经为此烦恼不已，回到家里还要面对家人的冷言冷语。父母会责备他，甚至还对他进行打骂。"

在我的直播间里，总有很多家长来分享自己的故事，有个妈妈的分享我印象很深。她讲得很长，但我还是想分享给大家，尤其是她儿子的这段故事。她说：

我们"70后"父母在教育这方面是欠缺的，而我们用同样的方式将这种教育延续在我们"90后"的孩子身上。我儿子是1997年的，我发现我们之前做的全是错的，错得可怕。我的女儿是幸运的，我去年在教育女儿也感到迷茫的时候，开始跟着王老师学习。我暑假带女儿去了北京学习，女儿现在特别好，虽然没上学前班，但老师都说没见过这么懂事的孩子。

从北京回来以后，我儿子听说我是家长代表，说为我骄傲，他也要成为我的骄傲。这就是潜移默化的力量，我的儿子去年之前都不跟我沟通。他去部队待了5年。对于教育他的那段时间，我现在真的后悔。

我的儿子当年遭遇了校园暴力，整整一年半不告诉我们，这么大的困难孩子都不告诉我们，您说我们做父母的失败到了什么程度。然后，我的儿子没有办法走进学校，我们都意识不到孩子遭遇了这些困难，没有去帮到孩子。后来，孩子换了一所学校，学习成绩突飞猛进，但是我们一颗贪婪的心不知足，孩子物理、化学考试成绩几乎满分，就因为不爱学英语，英语考三四十分。

但是，那个时候流行一句话，说学习成绩像一个木桶，这个木桶如果缺了一片，永远是装不满的。所以，我们就觉得你英语不好，永远装不满。您看，我们有多么的无知。

那时候，我们居然要求孩子下一次英语考试必须考到 60 分、80 分，我们没有给孩子力量，我们就知道逼孩子。我们觉得你物理、化学考得好，英语也要考好。其实，后来我明白了，咱就是这一门不去考，我别的考好了，我还能考 400 多分。而且，30 多分往上慢慢进步，进步个二三十分也不难，但是我们就知道逼孩子。

孩子后来住校，又因为在男厕所抽烟被老师发现，我们就把孩子暴打一顿。我听说，有的妈妈给孩子悄悄买两包烟，告诉孩子你想抽在家抽。当然，我不是说那样就好，但是我们这种打孩子的，肯定不对。我们的儿子当时又跟一个女班长走得近了，我们又对这件事儿如临大敌，把它无限扩大。我们当着 4 位老师的面打了孩子。

说实话，我现在想，我儿子应该是清华北大的苗子，在初三的时候被我们打出了学校，干脆就弃学了。我们家搬家之前，门前有一棵小树。孩子当兵回来之后才告诉我，他说他爸爸打他一次，他就在小树上画一个道，问我那棵树还在不在了。我现在太痛心了。

当时，我们把孩子打出学校之后，还是打着他进学校。您之前说过的，孩子学不会游泳，换游泳池是没有用的，学不会骑自行车，换自行车也是没有用的。我们就是这样的，我们最后没有

办法了，就让孩子去了职业学校。您说我的儿子有多优秀，他回来跟我说，妈妈我觉得这个学校学不到东西，我觉得是在浪费我的时间，我想去部队。孩子自己报名去了部队。说实话，他去部队的时候，我还跟我爱人说，我说你就想好吧，3个月之后你就得往回接。但是，没想到我的儿子说，不能给我爸丢人，不能给我爸的战友看笑话，孩子居然坚持下来了。

就这样一个孩子，当年我们用了无知的办法把孩子毁掉了。所以说，我的孩子道德品质一点问题都没有，大部分的责任都在我们家长。其实，即便我们的孩子将来成不了最优秀的人，又怎么样呢？孩子学习不够优秀，我们要面对现实，让孩子走他这一生该走的路，我们不要让我们的虚荣心、贪婪心把孩子毁了。您说过，我们孩子生来是自带导航的，可能咱们有时不管孩子会更好，当自己不会管的时候乱管才是最可怕的事情。

动手，是您的挫败感在作祟

我们家长如果愿意学习，现在学习新的教育方式的机会很多，除非您就是想固守"棍棒底下出孝子"。实际上，家长因为暴怒而打骂孩子的时候，并不是孩子犯了多大的错，而是家长忍受不了这种挫败感。就像这位妈妈说的，他们希望孩子的英语考得和物理、化学一样好。不要自欺欺人地对自己说，我打孩子都是为了孩子好。

孩子的认知是有限的，在生活或者学习当中遇到挫折也是必然的。父母不要对孩子使用暴力，嘲笑孩子笨，也不要因为他犯一点儿错误就严厉地指责他。要想让孩子在面对挫折时乐观自信，养成胜不骄败不馁的品质，父母就要以身作则，在克服困难方面做孩子的榜样。当孩子遇到事儿的时候，父母首先要改变心态，你的心态发生改变了，事情就会发生转机。

比如说，孩子今天考试没考好，发挥失常，考倒数第一名了。这个时候，我们做父母的应该怎么做呢？质问孩子为什么考倒数第一名吗？没有改变心态的家长是这样的：他的气不打一处来，指着孩子鼻子骂："你笨死算了，你咋这么不争气呢？快气死我了，你咋一点儿都不像我？"而改变心态的家长是这样的：他一定会站在孩子角度说："这次考倒数第一，我知道这个成绩让你很难受，我也是。但是，你不要伤心，不要灰心。以我对你的了解，你绝对有学习的能力。咱们接下来，上课好好听课，课下多多练习，把以前没学好的部分补起来，我相信你下次进步两个名次没有任何问题，加油。"家长要永远相信孩子，您的心境发生改变了，那最后的问题也就能转变。

 峰哥语录

- 发脾气是人的本能，控制脾气是人的本事。
- 人要用智慧解决问题，而不是用暴力解决问题。
- 父母在孩子身上发的脾气，未来都成为孩子人生的阻碍。

劳伦斯·科恩博士在《游戏力》一书中提到，"对成人来说，游戏意味着休闲，但对孩子而言，游戏就是工作。不同于成人的是，孩子非常热爱自己的这份工作，很少想到要休一天假。游戏也是孩子交朋友、体验生活以及探索学习的主要途径"。孩子进入学龄之后，有些比较极端的家长就开始禁止孩子的娱乐活动，希望孩子把所有的时间都用来学习。但是，我要告诉您的是：和孩子一起玩，别忽视游戏的作用。

学会和孩子一起玩

家长千万不要忽视游戏的作用。随着大家这些年对教育的重视和教育学家们的各种研究的发展，人们发现会玩的孩子更有出息。您看看自己身边，或者回忆一下您小的时候，是不是那些爱玩的孩子发展得更好？为什么会这样？其实玩就是一种学习，玩的时候孩子有了专注力，有了发散思维的能力，如果是带着其他小朋友一起玩，还培养了孩子的领导力。而有些孩子，被家长逼着在那儿做题，在该玩的年龄错失了玩的机会，然后，他可能用一辈子来弥补这件事。

因此，我们绝对不能剥夺孩子游戏的权利。孩子在游戏中学习，同时，也因为游戏的好情绪，使自己在完成课业时状态更好、效率更高，这反过来又会让孩子的情绪更好，从而进入一种良性循环。

有的孩子上了大学，只知道打游戏，甚至有了非常严重的网瘾。为什么？因为他小的时候被爸妈逼急了，天天都学，他对玩很好奇。如果您不相信，我给您举个例子。假如您很喜欢吃肉，结果因为某种原因让您三年不吃肉，等您可以吃肉的时候，您会不会报复性地吃肉？如果一个人想干某件事情却不能干，他下次干的时候就会报复性地干。这是不是事实？这就是人的特性。

玩是孩子的天性，您不让他玩，他必定会出问题。凡是没有好好玩的孩子，在成年后都会有补偿心理。所以，各位爸爸妈妈一定要让孩子玩，但是玩要有规矩地玩，而不是说您放任不管，他想玩什么就玩什么，这样的话也是有问题的。在玩的过程当中，有的孩子能玩出点花样来，玩出点创造力来，玩出点好东西来。另外，如果您能陪孩子玩游戏，会让孩子更幸福。

高级的游戏：与孩子一起阅读

在孩子还小的时候，阅读对他们来说并不是学习，而是玩

要，特别是亲子一起阅读。但是，尽管不是学习，爱上阅读却可以帮孩子拥有很多学习过程中需要的有用的工具。从小培养孩子的阅读兴趣，鼓励孩子多阅读，可以让孩子未来的学习之路更加轻松，就像拿了更多装备的通关者一样，阅读带给孩子的能量能够帮助孩子在学习中拥有更多的支点和工具。

教育家苏霍姆林斯基曾说过："如果你想拥有充裕的时间，平日里就要坚持读书。每天都要认真读几页与所学课程有关的科学文献。此外，每天还要阅读不少于 10 页的其他学科的书籍，包括科普读物；不必深钻，但要用心去读。你通过阅读所获得的所有知识，都是你专业学习所必需的背景材料。这些知识背景越是丰厚，专业学习就越是轻松。你每天在读书上花费的时间越多，为自己储存的时间也就越多。因为你所阅读的知识与你课堂学习的内容有成千上万个接触点。我把这些接触点称作记忆的锚，它们把你必须记住的知识牢牢固定在脑海里。要强迫自己每天阅读，不要把今天该读的书推到明天。要知道，今天从你手中溜走的东西，是不可能在明天找回来的。"

近年来，无论何种流派的教育家，都在强调阅读的重要性。众所周知，阅读能够开阔孩子们的视野。人的认知都是有限的，在自己的三维空间内，没法洞悉不同文化、不同人群。但是，依靠阅读，孩子们就能够学会与年龄不同、文化背景不同的人产生共鸣，从而越来越拓宽自己的可能性。

尹建莉老师说，"我们能送给孩子的三件宝物，不外乎'阅读''自由''良好表率'。这是可保障他们一生幸福、健康的最可靠的宝物。"在这里，她把"阅读"放在了最前面。有的家长问我，我家孩子就是不爱看书，看得也慢，忘得还快，是不是笨啊？我就和这位家长说，千万不要给孩子贴标签，说孩子笨。我在这本书中，还会无数次地强调，家长千万不要觉得孩子笨。孩子基因是您给的，后天是您培养的，您总说孩子笨，是什么意思呢？孩子是会被暗示的，在一个环境中，总被暗示自己笨、自己不行，他就真的不行了。

另外，不要怕孩子读得慢、记得不牢，孩子肯阅读才是最重要的。每个孩子在语言文字能力方面的发育速度不同，对阅读材料的喜好程度也不同，只要孩子肯读，我们就可以从多个角度去引导他。最后，就算孩子不是那么聪明，他就不配读书、不配学习了吗？不是这样的，孩子都是平等的，他们同样拥有热爱学习、热爱阅读的权利，哪怕他们读得慢、记不住。在读书的过程中，孩子会建立与世界的联系，学着理解这个世界运行的逻辑，认真评估各种各样不同的观点。还有，阅读比看电视接触的词汇多50%，并且锻炼孩子的思维灵活性以及做事的专注度。所以，我在回答上面这位家长的问题时，就强调孩子肯阅读就好，因为读多了，孩子们都会变聪明。

因此，无论是从孩子的智力发育来看，还是从孩子的认知发育来看，从小培养孩子的阅读习惯，鼓励孩子多阅读，都是让孩子学习变得更轻松的最有效途径，是家长最应该下功夫去做的事情。同时，英国读写素养信托基金会曾经做过的一项调查显示，在被调查的年龄在8～13岁的约50 000名英国儿童中，经常读

书的孩子拥有更健康心理的概率也是不爱读书的孩子的 3 倍，阅读的重要性可见一斑。

峰哥语录

- 会玩儿的孩子才会学，玩儿好才能学好。
- 大自然是最好的游乐场，放手让孩子去玩。
- 看书对孩子百利无一害，养成阅读的好习惯让孩子受益终身。

爱的表达：
让孩子感受到你对他的爱

当孩子能感受到被爱时，您再对他进行教育和引领，一切都会容易得多。每个孩子都是一个承接爱的小天使。如果孩子心里承接爱的容器是满的，孩子就会充满力量；如果孩子承接的爱是不足的，孩子就会愤怒和叛逆。今天，世界的确正在变得越来越复杂，养育孩子的难度也正在加大，那么，我们就更加不能用亲情绑架那一套。实际上，一切关于建立更好亲子情感联结的答案，归根结底都是爱。

世界越复杂，爱越重要

有的家长和我说，感觉现在养育孩子比过去难太多了，真是胆战心惊。我也认为的确如此。在今天这个社会里，要养育一个健康积极的孩子绝非易事。我每天看新闻，都觉得心惊肉跳，感觉外面的世界充满危险，特别是对孩子来说。暴力犯罪、电子游戏、青春禁果，哪一样不是对孩子们有极大的诱惑？有时候，我

都感慨孩子们能顺利长大真是太不容易了。

在这么艰难的现实中，教育孩子真的是个越来越不容易的工作。但是，当孩子亲昵地依偎过来时，当孩子因为我们做了什么，不断对我们投来崇拜的目光时，这种为人父母的满足感，又让我们完全忘了那些艰难的事。所以，为了让家长也能有十足的动力，在教育孩子这件事上投入心血和精力，我认为，您也是需要正反馈的。那么，教育过程中孩子对父母的正反馈是什么？我认为，不外乎就是一种健康亲密的亲子关系和彼此之间珍贵的联结。想要得到这样的正反馈，您先要付出您全部的爱，不要吝啬，因为孩子有时候会感受不到。

是否可以感受到父母的爱，能够造成孩子截然不同的性格，以及严重地影响孩子以后的境遇。如果一个孩子认为，自己不被父母所爱，甚至他从来不觉得父母爱他，那么，他会更容易在这个复杂的社会中堕落。为了和一些人打成一片，他可能会倾向于把自己弄脏，当他和大家一样都突破道德底线的时候，就有了某种归属感。有的时候，甚至不是父母没有给出足够的爱，只是孩子没有觉得被爱。所以，了解如何表达爱也是至关重要的。无条件的爱、丰沛的爱是基础，充分地表达是手段。

只有爱才能够给孩子最大的力量。这种力量，能够帮助孩子安然越过成长道路上的各种挑战。当孩子感到被爱时，您的引领和教育都会比较有效。爱，就好像为孩子加入了动力燃料，同时，家长也可以从孩子的反馈中得到力量。亲情绑架则不然，尽管您也付出了很多，但孩子认为，这是您为了换取他的好成绩、好表现的筹码。下面，我们就说说亲情绑架的危害。

亲情绑架的危害

我给大家讲一则故事，关于一头小象的故事。这头小象从小就被一根细绳子拴在柱子上，一出生它的一条腿上就系着这根绳子。慢慢地，小象长成了大象，这根绳子它一直挣脱不了，所以，它的活动范围是以绳子的长度为半径的一个圈圈之内。其实，当它长到足够大时，这根细绳子它一用力就能弄断了，但它始终都没有脱离这个活动范围，尝试向更远的地方走去。是小象挣脱不了吗？不是的，是它的思想已经被束缚了。有的家长跟孩子说，我为了你，命都可以不要。这表面上看是为了孩子，实际上，这是对孩子思想的一种纯粹的绑架。

有的大学生在毕业以后，不知道是回家发展好、出国深造好，还是留在读书的城市工作好，为什么呢？因为在他的思想中，自己的意愿是不重要的，如果爸妈希望他留在上大学的城市，他就留下，如果爸妈觉得他应该回家乡工作，他就回家乡，否则，他就觉得对不起爸妈。

有的孩子想留在大城市发展，但是爸妈每次跟他谈话的时候就说，你看爸爸妈妈就你一个孩子，你走得那么远，我们也不放心。亲戚朋友也都在劝，你得回来照顾你爸妈。爷爷奶奶也一起上阵，说你不在身边，我们会想你。终于，孩子在沉重的压力下，选择回到家乡，家乡可能没有它专业对口的工作，但在这样的亲

情绑架之下，他也没有办法，只好走上独木桥，去考家乡凤毛麟角的一些有编制的岗位。有的家长为了让孩子回家，在家乡把孩子结婚用的房子都买好了。

当然，有些家长可能意识不到自己在绑架孩子的思想，觉得别人家也是这样做的。但是，大家都做的事情，不一定就是对的。等到孩子人到中年，依然做着自己不喜欢的工作，和当年相亲对象凑凑合合过日子甚至闹离婚时，爸妈可能都想不到，正是由于他们给的压力，让孩子没能选择自己想要的生活。孩子呢？可能随着阅历的增长，明白了自己想要什么，但为时已晚；又或者可能就像那头小象一样，一辈子在这个范围内活动，他虽然不快乐、不自由，但是他都想不到是因为自己没有走远。

有的孩子则相反，他们不喜欢大城市紧张的生活节奏，想回到家乡找一份安稳的工作，一方面得到自己想要的舒缓的生活节奏，一方面也为建设家乡出一分力。结果呢？爸妈说，我砸锅卖铁供你上学，你好不容易考到了大城市，怎么能灰溜溜地回来，这不是让亲戚朋友看不起吗？你是不是待不下去才回来的？于是，孩子只好硬着头皮留在大城市，过着自己不喜欢的生活，受了委屈也不敢和爸妈说，怕被爸妈看不起，怕爸妈觉得他不行，觉得自己赚不到大钱就是对不起爸妈。孩子过得不快乐，甚至可能因为工作压力过大而患上抑郁症，甚至猝死。这时，爸妈后悔莫及。

峰哥语录

- 失败的家庭中没有爱、没有关心、没有温暖，只有逼迫和指责。

- 很多人都关心孩子飞得高不高，父母应该关心孩子飞得累不累。

第二章

沟通质量决定教育质量，
不要忽视语言的力量

重视语言：
沟通即教育，千万别忽视语言的力量

孩子的情感是非常稚嫩和脆弱的，一不小心，轻则令孩子丧失自信、陷入烦恼，重则令孩子受到伤害、陷入抑郁。在教育孩子的过程中，越来越多的学者认为，"有话好好说"非常重要，甚至可以说，沟通就是教育。因此，我们一定要重视语言的力量。在我接触过的家长当中，探究其不能"有话好好说"的原因，排在前两名的总是唠叨和从不夸奖。所以，我今天想和您聊聊，我们在与孩子沟通中的两大重点：第一，千万别唠叨；第二，没事多夸夸。

千万别唠叨

语言对孩子的助推作用是指什么呢？就是爸爸妈妈不能乱说话，只要随便乱说话，就会影响到孩子。那么，我们要说什么话？说孩子喜欢听的话，说有原则的话，不能说气话，不能说大话，不能说没用的话。我建议大家，可以给自己录音，看看从早到晚，您跟孩子都说了什么话，有多少是孩子不爱听的，是没用的，是气话，是大话。

孩子起床，您说快点儿起，快点儿，快点儿！孩子一出门骑自行车，您说慢点儿啊，慢点儿骑啊！一会儿让快，一会儿让慢，不知道您要干啥。孩子回家吃饭，您又开始了，快点儿吃，快点儿吃，吃完写作业去！快和慢的标准都是您自己的标准，不是孩子的标准。

其实这种别人说话不爱听的情况，我们大人也经常经历。您家里有没有过这种事？妈妈在厨房做饭，爸爸说切肉要切薄一点儿。妈妈说，行。然后，爸爸说炒菜嫩一点儿，多放点醋。妈妈说，行。然后，爸爸说多添点儿水，你这火太大了。然后，妈妈"啪"的一下把锅盖就扔了，说你去炒，我不炒。还有，您平时开车，旁边人说你说慢点儿，往左点儿，往右点儿，您烦不烦？所以，千万不要让您的"语言"毁了孩子。您的语言过分了，孩子心理可能会产生很严重的问题。

我之前遇到过一个家长，他总跟孩子说，你就不能考回第一？第一、第一、第一，这个语汇在孩子头脑中出现了太多次。但是非常不幸，这个孩子一直在班里没考过第一名，总是第二名。然后，有一次马上期中考试了，这个孩子的亲戚也问他：这次有信心考第一名没？这个孩子说，这次不是有信心，我一定得考第一名。亲戚就问，怎么能一定考第一名呢？这孩子说，我把第一名杀了，我就是第一名了。您看，家长反复说孩子不爱听的话、没用的话，把孩子逼成什么样了，为了得第一名，起了杀人

的心思。

很多家长不思考问题，就想让孩子提高成绩，甚至只是为了自己的面子，第一名和第二名能差多少呢？我想，成绩固然重要，但没有重要到您把孩子的认知都改变了。孩子内心的很多焦虑，都是来自父母。父母本来应该是孩子的第一任导师，帮助孩子从困境当中走出来，结果很多家长却是把孩子往困境中越推越深。

喋喋不休的唠叨是一种非常不可取的沟通方式，尤其是孩子到了青春期，一遍遍、反反复复地述说同样的话题，更是容易引起孩子的逆反心理。

没事多夸夸

在著名的家庭教育著作《孩子：挑战》中，作者鲁道夫·德雷克斯和薇姬·索尔兹认为，"孩子需要鼓励，就像植物需要水。没有鼓励，孩子的性格就不能健康发展，孩子就没有归属感。鼓励孩子是一个持续的过程，重点在于给予孩子自尊和成就感。鼓励是教养孩子最重要的部分。可能孩子出现不良行为的根本原因，就是缺乏鼓励"。

我经常和家长朋友说，夸孩子的时候，周围人越多越好，教育孩子一定要回家悄悄地教育。公众场合的夸奖，会使孩子非常有成就感；教育、批评、矫正孩子，回家去说，会使孩子有尊严感。夸奖可以激励孩子更加进步，这就是语言的力量。您试着想一下，是不是孩子干家务的时候，您一夸，说宝贝你地拖得真干净，您家孩子一上午都要拖地。其实，您自己也是一样的，孩子说妈妈你做的饭最好吃，您做着都特别带劲。

有的家长会担心，总夸孩子，孩子会不会骄傲啊？有的家长说，王老师，我一夸我家娃娃，我家娃娃就会"翘尾巴"。那么，这是您夸奖的方式需要调整，鼓励多一点儿，但严厉也要加一点儿。严厉是什么？严厉就是规则。规则，就是一个孩子最早赖以成长的框架。两条腿走路，家庭教育就有效果。

另外，家长不要总否定孩子。我们对于孩子的否定往往是从小开始的。有时候，这种否定甚至不是由语言传达的。比如，您买鸡蛋回来往冰箱里放，孩子想帮忙。您说："别动！我来，你回头打碎了！"这就是在否定孩子，其实，两三岁的孩子就足可以做这件事了。这会让孩子感到气馁，觉得自己很没用。再比如，带孩子去郊游，孩子想帮您拿点东西，您怕孩子累着，也怕他拿着东西走得更慢，不让他拿。您都拿着，让孩子觉得自己特别没用，这也是在否定孩子。不知道您注意过没有，孩子们帮家长完成一件事的时候，不管是收拾房间、洗碗还是拿点东西等，当他们完成这件任务的时候，眼睛里迸发出的闪亮的自豪的光彩，特别迷人。这时，家长们如果再能适时地夸奖几句，孩子就会更加有自信。

我记得，有个家长和我说过这么一件事。他说，他家孩子学校有一个演讲比赛。班主任觉得他家孩子朗读不错，但是平时胆子小，又不敢大声说话，就和他商量，是不是让孩子去试一试。

他当时就觉得，这孩子平时都不张嘴，干什么都不爱张嘴，一定不行。于是，就和老师说：这孩子肯定不行。后来听了我的课，问我他是不是做得不对。

"他不行"这三个字太有杀伤力了。我当时就问他，您知道为什么您家孩子没自信？就因为在您心底认为他不行，一个多狠的家长才能在老师面前说自己家的孩子不行？要是我小时候听到这句话，我觉我"死"的心都有了。我一直说，教育孩子要以孩子为核心，关注孩子想做什么。就算怕孩子压力太大，当众出丑，也要和孩子商量一下吧。真的，如果孩子听到家长跟老师说他不行，我觉得，就算他本来有什么动力，积极性也马上没了。

我经常说，孩子身上表现出的问题，都可以从他父母身上找到答案。在这样的家长面前，孩子哪来的自信？也许是家长太强了，觉得自己哪儿都行，孩子哪儿都不行。自信不是凭空产生的，自信最早的来源就是父母相信他，身边的人相信他，比如爷爷奶奶、姥姥姥爷、老师同学。为什么我们让爸爸妈妈鼓励孩子、欣赏孩子，就是您相信他，就能培养孩子的自信，孩子一旦有了自信，就有了做事动力。别人说，你咋这么厉害，别人越说他优秀，他越想变得更优秀。所以，父母多夸夸孩子，非常重要。然后，让孩子在做事的过程当中找到成就感，他越做越觉得自己做得好，才越想做。

因此，父母千万不要说孩子不行，您要一直说他行。我在接"暑期 21 天"活动的时候，做的第一件事儿就是让孩子每天面对镜子，天天说"我能行，别人做不到的事儿我能做到，别人突破不了的题我能突破"。这样，孩子才能越来越自信。现在，就记住这句话：千万别唠叨，没事多夸夸。

峰哥语录

- 父母的嘴是孩子的风水，孩子最终会成为父母嘴里的样子。
- 一个真正有智慧的父母是不会随便给孩子讲道理的。

付出时间：
愿意为孩子花时间，是良好亲子沟通的前提

　　我经常听一些家长和我抱怨孩子，说跟孩子说了多少遍了，他就是不听。我们做家长的，都希望孩子能听见自己的话、听懂自己的话。实际上，良好的亲子沟通是有前提的。这个前提是什么呢？可能很多家长都没有意识到，那就是愿意为孩子花时间。付出时间，可能不是良好亲子沟通唯一的前提，但一定是最重要的前提。

　　我们怎样才能和孩子好好沟通呢？我们得舍得花费自己的时间。别把时间都浪费在无意义的娱乐消耗上，比如躺床上刷手机；也别把时间都浪费在那些无谓的应酬上，比如下班后的胡吃海塞和酒桌上的互相吹捧。要想知道孩子的想法和心情，可不是一件轻而易举的事情。

时间的积累

　　咱们家长常常因为孩子不好好说话而火冒三丈。有个妈妈跟我说，她家儿子出去从来不告诉她，要是被她看见了，她问他去哪儿，他就说："出去！"她要问他干什么，他就说："不干什么！"这样的对话让这位妈妈苦不堪言，她不明白孩子为什么不愿意和她说话。后来，这个妈妈开始在我这里听课，渐渐地她掌握了一些和孩子沟通的技巧。她告诉我说，她过去有些唠叨，也总是批评孩子。孩子后来告诉她，每次妈妈一对他发问，他就觉得要挨训，所以就抢占先机，先表现得自己心情不好。

其实，我们真的很难理解孩子想表达的意思，就像孩子也不那么容易理解我们。亲子双方甚至都不太知道对方到底要说什么。要想好好地和孩子沟通，能够听到孩子真正想说的话，也为家长自己松绑，要学习很多沟通的技巧。舍得为孩子花时间，是您实现良好亲子沟通的第一个前提。

您作为家长，能够坚持学习，无论是看书还是听课，您最初的动力都是为了改变自己的孩子。我在这里要为这些家长点赞。无论是您觉得您家孩子有一些问题，想要改进；还是您认为您家孩子非常优秀，但还有提升的可能，想再找点方法，帮孩子再往上走一走，这样的父母是舍得为孩子花时间的。在和孩子沟通的时候，他们懂得照顾孩子的自尊心，也能对孩子的事情提出一些成年人的建议。

为人父母是非常花时间的，不论是生育、养育，还是教育，都需要花费父母大量的时间。英国著名教育家斯宾塞曾指出，"父母是孩子通往外部世界的指路人"。这一点，我们在准备迎接这个小生命的时候就应该想清楚，教育孩子必然要让渡一部分父母

自己的价值实现。因为，人的精力是有限的。有的家长，尤其是爸爸，总认为自己忙于赚钱，陪伴孩子是妈妈的事。如果您这么想，那就别怪孩子不跟您沟通。您如果不能有更多的时间在家里，就更要多一些高质量的亲子陪伴时间。

很多爸爸都没有意识到这一点，还为这些事情和妈妈吵架，只想让自己好好休息，对孩子的情感需求视而不见。您也不要想着说，孩子还小，还不懂事，等孩子长大一点再说。孩子在2～5岁时，正是非常"自我中心主义"的阶段。处在这个阶段的孩子，在亲子、同伴关系等方面很容易有占有欲和领地意识。如果这时缺少父母的正确引导，没有建立起规则意识，将来上学了，他会出现很多问题。

没有人可以自己长大，他们都需要父母花费大量的时间去教育。当然，从另一个维度说，教育孩子本身就是一种自我的成长和修行。您的本领在提升，您的思维在改变，您能和孩子一起成长，我要给您点赞。虽然，我们最终可能并不能赶上孩子甚至超越孩子，但是您一定不能让孩子看不起您。

别让孩子看不起

今天孩子跟您挑战，为什么？就是看不起父母的表现。今天的妈妈很辛苦，起早贪黑地为了小家庭，但没有人理解您，您就算掉眼泪，也没人同情您，甚至有时候哭着躲在被窝里面，也没人管您的委屈。怎么办呢？让自己更累一点吗？不是这样的，您为自己做什么样的事情，孩子都是看在眼里的，您和他一起努力，孩子才能认可您。我同情您，但是同情解决不了问题，只有成长才能解决您的问题。

有的家长过于纠缠在自己的情绪和琐事中。我记得有个家长和我说，她自己的童年就是在父母的吵架声中度过的，几乎每天都是噩梦。她的父母年纪很轻就生了她，二十出头不会做父母，把吵架当家常便饭。她觉得任何事情都能让她的父母吵起来。她的妈妈每次吵完架后就蹲在地上大哭，而她的爸爸就摔门而去。这样的家庭氛围，使她非常没有安全感。起初，她会害怕，会提心吊胆，后来，就没心思学习，成绩始终上不去。她说，她绝对不让自己的孩子过这样的日子。

如果孩子常年处在负面情绪中，您说什么他都会听不进去，您信不信？他对家长充满抵触，不会接受家长的任何建议，当然，就更不可能耐心地听您批评他。他一方面渴求您能理解他，知道他为什么烦；另一方面，他又不想跟您好好地说出自己有什么烦心事，对吧？父母既然已经为人父母，至少要给孩子一个平静、安全的环境。只顾自己的情绪，丝毫不管孩子，任由孩子的世界碎掉，这样的父母，是真的没有把时间花在孩子身上。在这样的情形下，您谈什么和孩子沟通呢？孩子不听您的话，不是很正常的吗？毕竟，您在自顾自地争吵的时候，也没有管孩子。

- 时刻告诉自己，自己是家长，该遵守的原则一定要遵守。
- 父母的思维、生活方式、态度、习惯、行为都会潜移默化影响孩子。

学会共情：
理解孩子的情绪，提升亲子沟通的有效性

　　我们常常讲亲子沟通的效率，这的确是一个很重要的问题。但是，就我这些年的观察来看，很多家长甚至是学者都过于重视技巧了。亲子沟通的效率，往往取决于家长与孩子之间的感情。在沟通这个问题上，您与孩子的情感联结的强大，才是孩子与您有效沟通的基石。如果说在与孩子沟通的问题上也存在"道"与"术"两个方面，那我们今天谈的就是"道"的层面。

你的情绪，我真的懂

　　要提升亲子沟通的有效性，我们首先要懂得共情。有的家长觉得，大人和孩子的想法差别太大，孩子的情绪又瞬息万变，家长没办法做到共情。其实不然，我们要做的是，与孩子建立一种"你的情绪，我真的懂"的信任。

　　TED 最受欢迎的演讲者之一布琳·布朗，曾用一个故事解释过"共情"。我们假设有一只狐狸掉进了深井，它无助地叫道："这

里好黑，我受不了了。"路过的麋鹿高高地站在井口，伸出头看看深井里的狐狸，说："啊，你真的很可怜！"当狐狸倾诉心里的难过时，麋鹿总是打断它，并热心地帮它想办法解决问题，但屡次遭到狐狸的反驳。

家长朋友们，这是同情，不是共情。这个狐狸与麋鹿的场景，您看着熟悉吗？孩子回家跟您说："今天的作业好多啊！"您说："这么辛苦啊，那赶快去做吧！"您就像那只麋鹿一样，高高在上，虽然嘴上说着宽慰的话，但并不能真的理解狐狸的痛苦，毕竟您好多年没做过作业了。您的宽慰和说教，都让孩子感到不被理解，反而加倍地难受。

布琳·布朗接着解释：这时一只路过的大熊走下了深井，它抱了抱狐狸，对它说："我能感受到你的痛苦，我在这里，你并不孤单。"大熊静静地陪着狐狸，默默地听它诉说。这样的陪伴，才是共情。不是宽慰，不是说教，只是尝试理解狐狸的状况和体会它的感受，让狐狸感到温暖和得到支持。

其实，我们往往过度地解读了共情，尤其是孩子想要的共情。孩子想要的只是父母真诚地关注他，设身处地为他着想，给他温暖的拥抱。并且，真正去接纳孩子的情绪，同时分享我们自己的情绪。因为，我们的情绪也会直接影响到孩子。父母的情绪稳定积极，共情的能力强，总是哈哈大笑，孩子也会跟着高兴，长此以往，孩子就会比较乐观。有的父母看到孩子总是烦，尤其是为孩子学习的事情，焦虑得不行，时间长了，小孩子每天背着个书包也愁眉苦脸，笑声没了，快乐没了，把学习当成人生当中最痛苦的事情，可就糟了。

共情是拉近父母与孩子距离的唯一途径

可能这种提法有些冒进，但我发现，共情或许是拉近父母与孩子之间距离的唯一途径。举个我遇到的例子。有一次，我去一所学校，这所学校在当地很有名，学校校长的两个孩子非常优秀，两个孩子是双胞胎，一个女儿考上了清华，一个女儿考上了人大。即使这样的家庭，也会有教育上的困惑。校长问：为什么今天的孩子一到下课就活蹦乱跳，而一到上课就像个老头老太太一样坐在那儿一动不动？当过老师的，都有这种感触。孩子喜欢学习本身，才有可能获得长久的进步和快乐。很多家长每天因为学习的事情跟孩子产生矛盾，令孩子感到学习很痛苦，好像学习唯一的快乐就是每次考试成绩进步了，能得到夸奖。

我们再强调一遍：什么是共情？就是您能感受到孩子的痛苦和快乐。比如说，今天孩子不想写字，您知道他是很痛苦的，这个时候家长不是给他讲道理：你是个学生，你不写作业怎么办？你还不写作业，不写作业以后就要吃苦。孩子如果不会写作业、不想写作业，还必须写作业，是很痛苦的。举个例子，今天您特别讨厌吃一样东西，但是今天只有这一样东西可吃；或者有的家长吸烟，您特别想吸烟的时候，身边就是没有烟，您想想有多痛苦。那有的人就说了，怎么那么挑食？或者，一晚上不吸烟能怎么样？这就是没有站到您的角度去想问题，所以就没法理解您的

痛苦。您和孩子也是一样的。

我再举个例子。我每天早晨 6 点直播，有的家庭并不是夫妻俩都愿意这么早起。大多数是妈妈愿意起来听课，但是爸爸不支持。甚至我还听学员分享过，因为妈妈要听课，爸爸把妈妈的手机都摔烂了的事。结果，后来爸爸每天催着妈妈一起听课。为什么爸爸发生了如此大的变化？因为，后来这个妈妈没有再强迫她老公来听课，而是理解她老公为什么不愿意早起。

家长培养与孩子共同的兴趣爱好，也是提升彼此共情的有效途径。我们总说，孩子好玩的时候就那么几年。是的，和婴儿玩是很容易的。但是，等孩子进入了青春期，好像我们不知道怎么和孩子一起玩了。孩子会开始抗拒进入父母的成人世界，而父母这时候又会更加在乎自己的威严。这时，彼此达到理解和平等的状态就比较困难。

您家孩子如果进入了青春期，您可以问问，他是不是根本不想和父母一起玩。可是，孩子还是需要和爸爸妈妈一起玩的。只是，孩子在青春期的时候，会比较别扭。这时候，家里的气氛也总是有那么点压抑，容易擦枪走火。这时候，就需要父母做出努力了。如果父母和孩子能一起玩，或者有共同的兴趣爱好，亲子间的对抗性就会降低。这种亲子时光，也会成为父母与孩子相互了解的机会。比如，和孩子共同读一本书，一起出去看个展览、逛个公园，一起做个手工，甚至一起做顿饭，一起唱唱歌，都是亲子之间能够获得快乐的方法。

在我的直播间，有的家庭最终实现了共同听课，是因为妈妈懂得了共情，与孩子的关系拉近了，孩子的情绪也变得健康了。原来孩子不怎么跟爸爸说话，在妈妈的影响下，开始主动和爸爸说话了。爸爸见孩子这样也很高兴。有一天孩子就提出来：爸爸您能不能和妈妈一起陪我听课？爸爸这种时候，肯定不会拒绝孩子的，家里的分歧就解决了。

  峰哥语录

- 父母不用心，孩子不可能让你省心。
- 家是讲爱的地方，是孩子的温暖港湾。

重视孩子：
让孩子感受到你的重视，提升沟通的效率

孩子遇到的问题越大，越需要家长有效的沟通和强有力的支撑。孩子为什么相信家长，愿意与家长沟通，愿意相信家长给的支持？这一切的前提是，家长与孩子有很强的情意。怎么能有这份情意？您要充分地重视他。我们作为父母，不是说我们自己很强大就够了，就能教育好孩子了。一个总是被无视的孩子，不可能与您积极沟通。我认为，在与孩子沟通这件事上，家长一定要学会重视孩子。只有孩子感觉到被重视了，才有可能实现亲子的有效联结。

学会重视孩子，才能提升亲子沟通有效性

我家老二有一阵子是下午上幼儿园，每天下午两点到幼儿园，孩子午睡都是自己起，闹钟一响，他自己迷迷糊糊地揉眼睛。我爱人这时就做得特别好，孩子只要一揉眼睛，我爱人的状态就兴奋，说快点起来穿衣服，然后孩子就起来开始穿衣服。然

后，我们一说要下楼，他就跟着出来。我就问他："儿子你咋穿衣服这么快？"我这么一说，他就自己跑到换鞋的地方去换鞋。您看，家长用自己的状态来影响他，让孩子觉得自己每一个行为都被重视，他就会越来越好。

实际上，我们大多数的家长总是习惯性地忽视孩子。这种习惯，从孩子很小就开始了。您想想，孩子小时候，这种对话是不是经常发生？

孩子："妈妈我腰疼，真的。"

您："小孩子哪有腰！"

孩子："爸爸，爸爸！你听见我说的了吗？"

您手里一边玩着游戏一边敷衍孩子，说："听见了！听见了！"

孩子："妈妈，妈妈！我为什么和隔壁小虹长得不一样啊？"

您答非所问："你晚上喝酸奶了吗？"

您想想是不是这样的。忽视，似乎是家长带孩子的惯用伎俩。您觉着孩子吵，总有没完没了的"为什么"。时间长了，孩子也习惯了被忽视。小孩总想快点长大，可能就是想跟您说："我有腰！"实际上，每个孩子都需要被重视。在孩子的整个成长历程中，他都需要被重视。

我再举几个例子。比如说，很多孩子认为，班主任让他上台发言，是班主任特别重视他；任课老师让他分享假期是怎么过的，是任课老师特别重视他。被重视的孩子会成就感满满，也更有信心，对学习也有新的认知。我经常问我班里的家长，您家孩

子开始执行我的学霸计划了，您是不是看到孩子执行得挺好就不说话了呢？当然不能这样，作为家长，您要告诉孩子，他真棒，做得真好，做得超出妈妈的想象。或者说，孩子你能坚持，妈妈给你点赞，你是咱们家的骄傲。类似这样的话，我要求家长经常说。您经常这么说，孩子自然愿意与您沟通。我的学霸计划，也有一些孩子中途放弃了，孩子放弃的原因之一就是：孩子做得不错，家长却无视孩子的努力。所以，家长一定要学会重视孩子，认真对待孩子的一举一动。

被重视的孩子更积极

被爸爸妈妈重视的孩子，会发自内心地开心。其实，您自己也是一样的。您在职场上，被领导重视了，领导说您最近表现好，接下来重要的项目就由您来负责，您是什么想法？您肯定想，我要好好干。有些性子比较直的人，只要领导信任自己，加班也要干好，哪怕不给工资都愿意。

所以，作为家长来说，最好的提升沟通效率的事，就是您家孩子做了对的事情，您看在眼里，要表扬出来。有的孩子认为，爸妈表扬自己总是虚情假意的。这个原因可能很多，有的父母就是不走心，有的父母是不善于表达赞美。但是，您要知道，想与孩子拉近距离，就要经常表扬他。

家长重视孩子，孩子就会被打动。我话说得重一点，有人性的父母就不能放弃自己的孩子，有问题咱就解决问题，坚决不能说放弃孩子的话。您一旦说放弃，所有的事都无法解决。每一个被重视的孩子，他都会重视自己，每一个被忽视的孩子，他也会忽视自己。

我直播间有两个"粉丝"是一对夫妇，他俩之前总是吵架，但现在感情如胶似漆了，怎么回事呢？最早只有女士在我这里听课，说她和老公总吵架。然后有一次，她老公找碴，她就想用我的方法试试看。她就不和她老公生气，就说老公你生气的样子真可爱。她老公觉得她有病，摔门就走了。但是这位女士依然不放弃，继续给她老公发消息说，老公我这辈子嫁给你很幸福。

她老公当时已经去了单位，觉得这不对劲：怎么不来跟我闹，还说嫁给我好幸福？就赶紧回家了，一进家门就问她：老婆你今天是咋了？你是不是有毛病了？你究竟想干什么？这位女士笑了笑说没事，我听了个课，老师说这么做，我试试看你有什么反应。她老公"扑哧"一下就笑了，说我还以为你要寻短见呢！就这一个动作把他的老婆给打动了。为什么呢？原来他俩天天闹、想分开，后来通过这件事，这位女士认为她老公很在乎她。

所以，被重视有多么重要。您和您家孩子也是这样的，让孩子觉得被家长在乎，就会和家长感情越来越好，感情好了，沟通效率就高了，也不吵架了。实际上，与孩子真诚地交流，是家长与孩子之间最好的桥梁，一旦亲子之间有什么冲突，这也是弥补您在沟通这件事上不够完美的最好的黏合剂。

峰哥语录 ||||

- 空话、大话少说，实质性的话多说。

- 心中有爱，才能说出有爱的话。

学会欣赏：
抛弃数落、嘲讽、说教，把它们都变为"欣赏"

在我们传统的认知中，似乎教育就是要不停地"说"、不停地"教"。但是，这样做会给孩子非常大的压力，还会让孩子有畏难情绪。抛弃"说教"的概念，尤其抛弃数落和嘲讽，学会"欣赏"孩子，您和孩子的关系就会越来越亲密，沟通就会越来越顺畅。

很多家长都说，不知道从什么时候开始，孩子不愿意和自己说话了。当您把自己放在和孩子平等的位置上，把您头脑中那些数落、讽刺、冷漠等都变为"欣赏"的时候，您和孩子之间的冰山就要开始消融了。今天，我们就好好分析一下，为什么学会"欣赏"孩子特别重要。

孩子压力过大的危害

我常常说，不能太惯着孩子，要给孩子犯错、直面困难的机会，锻炼锻炼。那么，家长要怎么把握尺度呢？给孩子多少锻炼

的机会合适呢？我的建议是，以不要让孩子压力过大为标准。每个人承受压力的能力不一样，就像同样把500斤重的东西给5匹马，有的马拉500斤的东西能轻松地跑，而有的马已经被压倒了，为什么？它们承受重量的能力不一样。同样的道理，对学习这件事，有的孩子一次没考好，他能听懂老师的鼓励、听完老师给他的分析，他说我下次一定能行；有的孩子则一次没考好就没信心了，畏难情绪重了，就直接退缩了。为什么？孩子们承受压力的能力不一样。

造成这个差异的原因是什么呢？当然，每个孩子先天是有自己的特质的，比如有的孩子天生就是高敏感的人格，有的孩子天生就比别的孩子好奇心更旺盛。但是，更大的原因来自后天。一个孩子从小到大，爸爸妈妈给他的信心是不一样的。孩子一件事情没做好，家长不批评，跟孩子说你一定能行，孩子就比较容易充满信心，勇往直前不退缩。反之，如果爸妈说我看你就是个熊宝，你就是不如人家，你怎么每次都不如人家？孩子做不好本来就在怀疑自己了，您再这样说他，他一定会感觉压力很大。

我记得，前几年高考当中发生过一个案例。有个女生是她妈妈一个人把她带大的。妈妈的工作就是在饭店打工。这个女生很懂事，平时成绩也还算不错，但是高考那年由于太想考好，觉得自己一定能考上重点大学，能给她妈妈争光，觉得妈妈一个人不容易，于是，就带着这样的压力去参加高考了，结果就没有发挥出自己真实的水平来。既然没考好，这个女生就选择了复读。时间过得很快，一年过去了，第二年的高考又来了，这个孩子下定决心说我一定要考好，我必须考好，要不我都对不起我妈，就带着这样的压力又进入了考场。结果，语文考完了，孩子中午回家都没吃饭，妈妈看孩子闷闷不乐的，心里想是不是孩子又没考好。妈妈问孩子怎么回事，孩子也没多说什么，就语气不太好地说了句"反正不怎么满意"。下午，这个孩子就没有进入考场。在考场旁边有一栋楼，这栋楼很高，孩子就走到顶层，从那栋楼上跳下去了。

这可能是比较极端的例子，但是我想说的是，一个孩子心思过重，身上承受的责任太多，是不适合学习的。所以，咱们作为爸爸妈妈，不要动不动就告诉孩子，你得实现爸爸妈妈的梦想，咱们家就靠你了，以后我的事业也靠你。让孩子轻轻松松地学习，不要夹杂太多其他的无关因素。另外，孩子学习是为了成为更好的自己。您的梦想、您的使命，靠您自己完成。父母作为成年人一定不要把您的事儿强加在孩子身上，学习就是让他自己变好，学习就是让他自己懂得更多。

今天，作为爸爸妈妈来说，面对孩子成长过程当中遇到的各种各样的困惑和问题，您最应该做的一定不是指责他、辱骂他，对他"说教"。您要对他表现出"欣赏"，帮助他减轻压力，让他能够轻松上阵重新开始，这是父母的一个功德。为人父母，最基本的爱就是能接受一个平凡的孩子。您懂得鼓励孩子、欣赏孩子，孩子的抗压能力就会增强。当您从新的角度理解您的孩子，虽然您与孩子的互动还是如同往常一样，但孩子的感受却会发生翻天覆地的变化。

真诚地"欣赏"孩子，孩子就不会输不起

不要给孩子太大压力，就是要懂得欣赏他们。您仔细回想一下，是不是您把自己的位置摆得太高了？我们常说，要了解孩子做事的动机。什么是动机呀？就是孩子干这个事情的目的。有时候，孩子挑衅父母，您要明白他为什么要挑衅父母。只有了解了他的动机，才能认真对待孩子的问题。您要是今天敷衍他，未来他就会敷衍你。您不管不顾孩子的想法，一味地用高期望去压他，孩子就会越来越输不起。

我记得，在我小的时候，没有什么玩具，我们就拿废纸叠四角，我们叫"元宝"。然后，看谁能把四角扇得翻过面去，谁就赢。我们家那个时候穷到什么程度呢？家里面连几张像样的纸都没有，没东西可以折。我记得，有一次我去我姥姥家了，姥姥家有废纸，但是也没有隔壁邻居家的两个男孩多。反正最后我拿了十来个去跟人家玩了，结果就都输了。输了以后我就回来哭，我姥姥问我为啥哭，我说我把"元宝"全输完了。我姥姥就笑了，说没事，姥姥再给你叠几个。这样，我下午就继续过去跟他们玩，下午的时候我就保住本了。我姥姥问还需不需要，如果需要姥姥再给你叠几个。我说需要，您看孩子从来不知道满足。当我的"元宝"多起来之后，我心里面就踏实了。

现在想起来，这里面蕴含着教育的道理。如果我只有 5 个，我就怕输光了。如果我有 50 个，我就扯开了跟他们玩，那天晚上我姥姥又给我叠了一些，我第二天跟他们玩就赢了，赢了以后回来就特高兴，我姥姥就说，你放开玩，你输了姥姥再给你叠。同样道理，您总共有 5 万元，做 10 万元的生意，您赔本的可能性很大。如果您有 5 万元，您做 5 000 元的生意，您赚钱的可能性就大。因为当您本金少的时候，您心里就没底，对不对？孩子也是这样的。如果孩子今天能考 80 分，您要求他考 90 分，他失败的可能性就很大；如果他有 80 分的能力，您要求他考 60 分，孩子一定会成功。当孩子压力太大的时候，咱们要适当地帮孩子减轻一些压力，否则，也不利于孩子成长。

所以，您不要对孩子的期望值太高，您对他的标准可以高，但是您的期望值要降低。比如说您让孩子做一件事，即使他有能力干好但是没有干好，我们也当成一个正常的事情来看待。他没干好，自己已经很难受了，您再数落他、挖苦他，他自己压力就越来越大了。咱们是成年人，可以试着想想自己，有人说您最近怎么皮肤这么好，最近怎么这么漂亮，越来越年轻了，您心里咋想？您就爱听这话，是不是？您都喜欢听，那何况孩子呢？我自己也是这样的，您说，王老师今天状态怎么这么好，我接下来状态就会更好，想懒洋洋一下都不好意思了。

欣赏孩子的重要性

有的家长和我说，孩子和人沟通的能力不太好，他就这么跟孩子说："你看你昨天跟人沟通目的性很强，你今天要不要比

昨天做得更好？"然后，还觉得这是鼓励孩子了。我听了都生气，人家孩子还没做，您就跟他说今天要不要做得更好。您和孩子沟通，先不要带有任何目的，您就问他有什么开心的事跟自己分享。

对我家的两个孩子，我跟我爱人都是这样做的，先不说别的，就是夸奖他。我家老二刚刚上幼儿园，我们给他弄的实验器材，有红的、有绿的、有水、有墨。那天，他拿了一小袋白面粉，说爸爸你给我撕开，然后，在我的桌子上给我弄了一桌子，又拿那东西在卫生间水池子那儿玩了三个小时，整个池子里面弄得都是水，衣服哪儿都是湿的。完了还问我：爸爸你看我弄得好不好看？我说真好看，我不会弄，你教教我，行不行？他还教我了。所以，不管是大人还是小孩，他都需要别人对他喝彩。

这个方法真的屡试不爽。您家孩子回来不会写作业，您夸他，但不要泛泛地夸。您不要说："宝贝，你今天作业写得很好。"这样夸的效果不好。您可以说："宝贝，妈妈今天给你掐着时间呢，你今天写数学作业，有两个地方妈妈特别高兴：第一个，今天写数学作业比昨天缩短了 5 分钟，效率提升了；第二个，妈妈看你这道题都能算对，应该大多数同学都会出错吧？你能算对妈妈太开心了。"如果您想让孩子把字写好，您不要说："你把这个字好好写。"您看他写得歪歪扭扭的，不应该这样说，而是看他整篇作业里，那么多字当中哪个写得最漂亮，然后夸他，说这个字写得太好看了，你看你那个撇，写得多有力度，你那个竖写得多直。当孩子得到欣赏以后，他就愿意把字写得更好。

我还特别喜欢举一个例子。有个妈妈只有小学文化程度，但她培养出了 3 个高才生，她就用了一种方法，就是当她家孩子上小学的时候，她就跟她家儿子说："妈妈也特别想去学校学习，但是人家学校只要小朋友，不要大朋友，你能不能把你上学的内容给妈妈讲一讲？"于是，孩子回来以后就给妈妈拿一块小黑板讲，妈妈在那儿傻傻地听。妈妈听懂了，就给孩子鼓掌。这节课下了，妈妈说："儿子，妈妈这节课学到了不少东西，谢谢你。妈妈还想学，明天能不能继续给讲一讲？"作为小朋友来说，他是很有成就感的。第二天，孩子为了给妈妈讲清楚讲明白，就在课堂上更加认真地听课。就这样，一个小学文凭的妈妈培养出了 3 个高才生。所以，要想知道"欣赏"的魔法，这就是最好的例子了。

峰哥语录

- 巧妙疏导胜过无理的强迫。
- 赏识教育就是发自内心地欣赏和表扬。

第三章

学会给孩子定规矩，让孩子变得自律、合作又快乐

适度管教：
不打骂不溺爱，而是给孩子"定规矩"

我曾经听我的医生朋友说，他们有一句座右铭，叫"首要原则是不伤害病人"。我认为，我们也可以把这个说法送给父母。医生之于患者，就好像父母之于孩子。医生、父母都是站在绝对强势的地位上的。因此，父母大概也应该用类似的座右铭来要求自己，即"首要原则是不伤害孩子"。

但是，不打不骂，就要对孩子放任不管吗？也不是的。因为，溺爱下的孩子会有很大的问题，溺爱最大的危害是，会养出不懂得感恩的孩子。那么，家长要怎么办呢？如何掌握这个度呢？我认为，我们在与孩子的沟通中，只要不对孩子的身体和情感造成伤害就可以。在这个大前提下，我们依然可以对孩子进行适度管教，来帮助他们成长。

适度管教的一个重要途径就是给孩子"定规矩"。"定规矩"这件事，避免了家长成为绝对权威的角色，让您与孩子一起制定的规矩先行。

千万不能打骂

我可能会在我的书中反复强调，您不能打骂孩子这件事。为什么呢？因为我曾经碰到过一个非常惨痛的例子。过去，我去四川讲课时，讲完课以后总有很多妈妈围着我问问题。有一次，有一个妈妈过来就号啕大哭，说听我的课听了一半儿就开始哭了，一直哭到课程结束。她说，她有两个儿子，她们家老大上高三时，本来成绩还不错，结果第一次模拟考试的成绩不是很好。原因也很简单，就是这个孩子喜欢玩游戏。那爸爸呢，平时在外地工作，听说孩子没考好，就从外地赶回来，正好孩子还在学校上课呢。爸爸就先跟朋友出去喝了点儿酒，回来看见儿子就气不打一处来。爸爸问孩子考得怎么样，孩子说不怎么样，本身没考好孩子情绪就低落，这个时候呢，爸爸几句话跟孩子没说对，上去就几个耳光。几个耳光打下去，孩子也没还手，也没还口，就回卧室去了。结果，没过多久，父母看楼底下怎么这么多人围着，干什么呢？下去一看，原来是他家儿子躺在地上，孩子从十几层楼跳下去了，已经没命了。

我给大家讲这个案例，不是为了让大家害怕的，是为了让您警醒自己的教育行为。说实话，爸爸在外地时间长了，跟孩子情感联结本来就不是那么好。您平时忙得顾不上孩子，没有办法矫正孩子在成长过程中的一些行为，而看到孩子成绩不好了就去"收拾"他。我想问问大家，这样的家长有没有资格"收拾"孩子？

您是他爸爸，就有资格去打孩子吗？

孩子为什么不珍惜您的付出

给大家举个生活中的案例。有个妈妈特别爱她的儿子，每天从早忙到晚，一日三餐给孩子换着花样做好吃的。有一天中午，这个妈妈生病了，当时她儿子已经上初中了，她就给孩子留了钱，跟儿子说今天不能给他做饭了，让他自己去家门口的面馆吃饭，然后就去了医院。儿子拿着钱去面馆吃饭了，面馆老板认识他，就问他怎么不在家吃饭。孩子说："妈妈生病了，让我在您这儿吃。"面馆老板就问他："妈妈病得严不严重？"孩子说："不知道。"吃完饭以后，这个面馆的老板就说："哎呀，今天你妈妈也不在，叔叔给你免费。"这个孩子就说："谢谢叔叔，你真好，你真是个好人。"面馆老板说："我就给你免费一碗面就是个好人啦，你妈妈天天给你做饭，她生病你都不打电话问问她？"

为什么会出现这种情况？面馆老板给孩子免费，他知道说谢谢，说明这个孩子是知好歹的。但他为什么不懂得关心妈妈，对妈妈没有感恩之心呢？其实，不是妈妈做得少了，而是妈妈做得太多，让孩子觉得妈妈做什么都是理所当然的。因此，孩子已经感受不到妈妈的付出了。

这样的孩子往往知道父母的弱点，知道父母在意他，所以，从小就知道如何威胁父母。

因为您总是怕孩子不学习，怕孩子不上学，所以，您家孩子经常跟您说：你要不给我玩手机，我就不好好听课；你要不给我玩手机，我就不上学；你要不给我玩手机，我就不吃饭，等等。因此，您千万不能被孩子吓唬住。

这样的孩子还会对父母有诸多要求。有个家长朋友找到我，说她儿子嫌弃她穿得寒酸。她去给儿子开家长会的时候，她儿子都不肯来学校和她坐一起，觉得丢人。孩子说，你看人家妈妈都穿得很洋气的，你看你穿成这个样子，我还跟你坐在一起，我太丢人了，我生在这样的家庭中都憋屈。这位妈妈感到失望至极，她说孩子一岁多，她就和孩子爸爸离婚了，为了让孩子享受到好的条件，她省吃俭用，为了让孩子去个好学校，跟亲戚朋友借钱买了个学区房。现在，她给人家打工，一天打两份工，起早贪黑地干，结果儿子骂她穷酸样。所以，各位家长朋友，孩子也是家庭中的一员，有义务和整个家庭同舟共济，您给孩子享受得太多，他就根本不知道妈妈在为生活如何奔忙了。

同时，您溺爱孩子太多，孩子也无法成长。溺爱是什么？溺爱就是无原则的爱。溺爱中的孩子，反而不容易感受到爱。要想让孩子成为一个对社会有益的人，成为一个可以感知幸福的人，家长一定要知道理性的爱才是爱。

给孩子"定规矩"

给孩子"定规矩"是我们对孩子适度管教最好的手段。我一直强调"规矩"的重要性，倡导家长要立"家规"。我认为，尽

管每个家庭的情况不一样，但孩子们是有一些共同的、重要的准则要遵守的，家长一定要重视。比如：

第一，尊敬老人、孝顺老人。我曾经在医院见过重点高中的孩子来陪床，一下午都在那儿写题、算题。当时，整个病房的叔叔阿姨都希望这是自己家孩子，怎么这么有出息。结果，他临走的时候，因为什么事情，对他奶奶破口大骂。我想，这样的孩子学习再好有什么用呢？对社会、对家庭，甚至对他自己都不是一个有益的人。

第二，整洁卫生。这一点，我要特别说给男孩子的父母听。在我们的传统观念中，对女孩子的个人卫生是很讲究的，但是对男孩子就不管不问，甚至下意识地鼓励男孩子脏乱差。注意个人卫生、垃圾不能随便扔、吃完饭帮家里收拾，这些都应该从小培养。无论男孩女孩，好习惯成就好人生。

第三，不攀比。攀比是我们很多人的弱点，包括大部分成年人。我们什么都要和别人比，比学业、比工作，比房子、比车子，最后，终极较量就是比孩子。如果您自己就是这样的，就很难教会孩子不攀比。在现实生活中，攀比是一种虚荣心。很多孩子从小在家里就是大王，觉得自己什么都要比别人强，别人有的自己也要有。我们当然不能放弃努力，要积极上进，要勇于争取更好的人生。但是，我们也要承认，人与人之间就是有难以跨越的鸿沟，但幸福的维度是多方面的。因此，我们不要总看别人在做什么，做好自己的事情就好了。

一旦定了规矩，就要好好执行，不能对孩子破坏规矩的行为一味地容忍。要让孩子从小懂得规则的意义，长大进入社会才会尊重社会的规则。很多家长不是这样的，孩子骂了长辈一句，您就简单地跟他说，下次不能骂了啊。下次他又骂长辈，您还是这么说一句，心里想着孩子还小呢，长大就好了。结果，孩子被说个三五次就习惯了，以后您说什么都不当回事了。玩手机这个事也是，很多家长跟孩子说就玩 10 分钟啊，结果到了 10 分钟，孩子说等等，玩完这盘就不玩了。结果一盘又一盘，玩了 10 分钟，又玩 10 分钟，再玩 10 分钟，赶上这天您心情好，也没管他，想着玩一回就玩一回，那您以后定什么规矩，他都不当回事了。

在社会上，无论您是身在高位，还是身在基层，没有规矩都走不远。甚至我认为成就越高的人，越守规矩。因为，规矩是对人的限制，越往高处走，越需要守规矩，不然就会犯大错误。人默默无闻的时候，稍微自由点儿，也没有太大的关系。但是，一旦在某个领域有点名了，或者是有点成就了，没有规矩就会出很大问题。那么，守规矩是有了成就之后才去学吗？显然不可能。守规矩是从小就要学会的。

有些家长不舍得批评孩子，这是过分爱护。爱孩子没错，但是过分爱孩子往往会出错。比如，您给孩子立了早晨 7 点起床的规矩，但一到放假孩子就想睡懒觉，您心疼孩子就让睡了。这样的话，以后您再跟孩子立什么规矩都没有用了。为什么今天孩子的抗挫折能力弱？因为全家人都护着他，没有原则地护着他。什么时候要用力爱孩子，什么时候要懂得克制，这是为人父母的修行。

峰哥语录

- 您骂孩子其实是在骂自己的无能。您抱怨孩子不争气，其实就是在说自己一无是处。

- 有规矩的自由叫活泼，没有规矩的自由叫放肆。

追本溯源：
孩子为什么会"闯祸"？

前两天，我一个朋友跟我说，他们小区里面，好多一层的玻璃都被打碎了。起因是小区里面有一个孩子跟他妈妈发生了矛盾，小区里头的一个邻居看到了就劝妈妈。后来这个孩子觉得邻居是在"煽风点火"，然后听说这个邻居是住一层的，就挨家挨户砸玻璃。

我们很多家长都觉得，要一直盯着孩子，才能确保他们不"闯祸"。但是，我们显然没法真的控制自己的孩子，看看我上面提到的这个例子吧，这种"闯祸"已经超出了一般的底线。在我们谈论如何用"定规矩"来约束孩子行为时，首先要弄清楚孩子为什么会做错事，哪些因素会让孩子"闯祸"。

实际上，家长的态度、家庭的氛围都与孩子"闯祸"息息相关。我认为，以下两个方面是我们家长要注意的：第一，不能做方寸大乱的家长；第二，家长对教育的观念要一致。

方寸大乱的家长

我一直强调，家长要修炼自己的稳定性，无论孩子做什么，家长不能方寸大乱。为什么这么说呢？因为孩子会记住，他曾经借由"闯祸"达成了目的，那么，下次他一定会再来一遍。从生理上讲，孩子的理性还远远没有发展完全，所以，他们比成年人更容易冲动。孩子在冲动的情绪下，会用威胁、哭闹、"闯祸"来达成目的。研究证明，孩子行为的结果决定孩子的这种行为是否会再次出现。

比如，很多孩子在大街上，看见喜欢的东西，如果家长不给买，就躺在地上哭，不给买就不走。家长当然也不会孩子一哭就答应，但是，您想想，您是不是曾经有一次，因为想快速地解决问题，或者不想引起围观，给他买了？孩子会记住这件事，发现这是一个好用的"招数"，下次还会拿出来用。如果家长一直不妥协，那么，孩子试过两次，发现没用，就不会再这么做了。

实际上，在家庭关系中，孩子始终是处于弱势地位的。从本能上讲，一个弱小的生命，要在一个地方生存下来，他就要寻找他的保护者，并且记住如何让他的保护者妥协，从而达到他的目的。您想想，当您在跟孩子讲道理或者进行批评的时候，有没有因为孩子的哭闹、顶嘴甚至是"犯浑"，而感到心灰意冷，然后就不了了之了？孩子会记住这种逃离批评的方法，下次他还会这么做，甚至可能会变本加厉。我们开头说的那个砸玻璃的孩子，有可能就是在"犯浑"后，得到过"甜头"。"闯祸"有时候是孩子达成自己目的的"手段"，并不是孩子的目标。因此，家长一定要时刻保持冷静和客观，不能让孩子搅得方寸大乱。

如果您一味地恐吓孩子甚至于歇斯底里，而没有什么有效的行动，孩子就不会再认真对待您的话，您也就没有任何威信可言了。

意见不一致的家长

家庭中的冲突或者家族里的亲友，都有可能触发孩子"闯祸"的动机。孩子只有感受到父母无条件的爱，才会更加愿意考虑父母的建议，并对父母给予的引领予以信赖。每个孩子都有他自己感受爱的方式。我们作为父母，要为孩子创造一个温馨平和的家庭氛围，拿出足够的耐心，才能让爱在亲子之间流动起来。

但是，在很多家庭里的情况不是这样的。家庭当中的每个成员教育理念都不一样，当孩子有什么行为不够得当时，就会引发家长之间的争吵。有时，还不只是父母之间的争吵，还有家族里其他亲友加入进来，甚至大家会大动干戈。不用怀疑，任何当着孩子面争吵的行为，对孩子都是一种伤害，特别是由于孩子本身引起的争吵。

当然，我们对教育的理念不一致是非常正常的，家长们私下进行讨论甚至会引发新的思考，可以使得家长更好地教育孩子。但是，当着孩子的面争吵就是另外一回事了。家长之间的这些争

吵会让孩子变得消极，并且容易产生对家长的敌对情绪。更加严重的是，总是一方压制着另一方的意见，孩子可能会趁机以此挑拨父母之间的关系，用来达成自己的目的。所以，无论有怎样的分歧，不要在孩子面前发生冲突。

家长有责任让孩子自始至终都能接收到爱与平和的信号，孩子只有在这样的家庭中成长，才能够充分发展自己的人格，从而拥有更加幸福的人生。也只有如此，才能从根本上解决孩子故意"闯祸"的问题。在此基础上，我们再谈"定规矩"才能事半功倍。

- 遇到事情家长越冷静，孩子越会反思自己。
- 夫妻关系是一切关系的基础，也是幸福的基础。

消除抵触：
给孩子"定规矩"要讲究方法

很多家长在读我的书或者听我的课时，孩子已经八九岁了。这时，再和孩子一起定规矩，孩子的抵触情绪非常大。今天，我就要和您分享，孩子为什么会有抵触情绪，如何消除孩子的抵触情绪，以及我们给孩子"定规矩"也要讲究方法。

孩子为什么会有抵触情绪？

您试着分析过孩子什么时候最抵触吗？很多时候，都是您没有和孩子好好沟通，却忽然要求他停止正在做的事情，或者改变他的计划。您的这个动作出乎孩子的预料，孩子没有任何心理准备。这时，孩子就会非常抵触。比如，孩子正玩游戏玩得高兴，您让他下楼买瓶酱油。其实，您设身处地地考虑一下，换了您，您也不愿意吧？

因此，我经常和家长说，要和孩子一起订计划。您和孩子一起把他的生活安排好，比如什么时间起床、什么时间吃饭、

什么时间做作业、什么时间玩、什么时间睡觉，等等。很多家长都和我反馈，孩子一旦知道自己什么时间应该做什么，抵触情绪就会减少。所以，您帮助孩子合理地规划好他的生活，是消除孩子抵触情绪的第一步。孩子逐渐找到生活的规律，目标也逐渐明晰，就会更平和，不容易乱发脾气，也不容易去"闯祸"。

您不能总和孩子用歇斯底里的方式沟通。很多家长动不动就和孩子说：我做什么都是为了你，你这样对不对得起我？这叫什么？这就是有条件的爱，也是一种亲情绑架。您觉得孩子既不理解您也不懂得感谢您。但是，作为父母您扪心自问，您生孩子养孩子是为了让孩子感谢您吗？如果您真是这样想的，那您需要及时纠正这种想法，孩子不是您的工具，不是帮您传宗接代，为您养老送终，或者是实现您年轻时没有实现的梦想的一个工具人。您这样对孩子进行现亲情绑架，孩子会很反感，也会有很强的抵触情绪。

如果您不能理性平和地和孩子一起讨论，而是试图控制他。无论您付出多少，孩子也不可能变得"听话"，更不可能对您有感恩之心，因为您做这些事情的初衷出现了问题。孩子不是您的附属品，只有无条件的爱才是完整的爱。无论何时，都要保持冷静、客观、耐心的态度。再退一步讲，哪怕父母真能控制住孩子，把孩子打造成自己期待的模样，这对孩子来说也是一场灾难——孩子会逐渐失去对生活的控制感，认为自己只能过"由别人说了算"的日子。

学会给孩子定规矩，让孩子变得自律、合作又快乐

"定规矩"要简单明了，态度要既尊重又坚定

另外一个孩子会产生抵触情绪的原因，往往是您太唠叨了。因此，您在和孩子"定规矩"的时候，要简单明了，越具体越好。比如，用"每天晚上晚饭后花 30 分钟阅读一本书"这样的句式，而不要用"努力扩充课外知识，增加阅读时间"这种句式。越具体的事情，孩子完成起来越有目标感。当他完成这件事后您夸他的时候，也可以很具体。这样，一切都进入了良性循环之中。

在与孩子沟通"规矩"的时候，态度要既尊重又坚定。如果您居高临下地说话，孩子会敏感地察觉到，那么，他逆反的可能性就很大。即使是成年人，也愿意和喜欢并尊重自己的人多交流，那些总是颐指气使、动不动就要压制对方的人，您也不愿意多接触，对不对？但是，在尊重的前提下，您也要非常坚定。有的家长，被孩子折磨得不行，总是求着孩子做事。像你就不能怎么怎么样吗？你怎么怎么样一下，不行吗？如果您把拒绝您的权利交到了孩子手上，孩子是不会跟您客气的。心理学研究认为，孩子在这样的句式中得到的信息是，这件事情可做可不做。那么，如果这件事情费力气，或者耽误了他们玩乐的时间，他们就会选择说"不"。

所以，在与孩子交流的时候，家长用平等的口吻，直接表达自己的意思就可以。有的家长觉得，用询问的方式显得自己民主，但有时候可能会让孩子产生误解。您就温和地注视着孩子，告诉

孩子您认为应该怎样做就可以了。当您是以尊重的态度进行沟通时，如果孩子出现疑问，也不会不敢说出来的。

孩子"破坏"了规矩怎么办？

在定好规矩之后，孩子也不会一直按照规矩行事的。孩子总会犯错误，任何习惯的养成也都有反复。因此，我总和家长说，我们不要试图控制孩子，让他们"听话"。因为，孩子每一次犯错误，都是我们教育他们的绝佳时机。

那么，当孩子"破坏"了规矩，又"闯祸"了时，怎么办呢？关于这一点，我认为分析"闯祸"的动机非常重要。比如说，一个孩子洗碗，把碗打烂了，这个时候家长要不要数落他？孩子拖地不小心把您买的一个非常心爱的拖把给用坏了，您要不要骂他？孩子做饭把饭给弄煳了，您要不要骂他？孩子不小心把您价值2万元的金项链给弄丢了，您要不要骂他？当孩子犯了这样的错误时，家长要看到，孩子不是在故意"闯祸"。甚至，孩子是由于想做点正事，却把事情做糟糕了。这时候，家长如果没弄清楚前因后果，劈头盖脸一顿教育，孩子委屈，家长生气，亲子关系就会遭到破坏。所以，家长看到孩子犯错误，一定要分析他的动机，保持冷静。

另外一种情况是，孩子"闯祸"突破了底线，确实是"破坏"了规矩。比如说，今天孩子在家偷了2元，您要不要骂他？好多家长觉得，2元是小钱。但是，这件事情的性质恶劣，今天偷2

元，明天偷200元，越发地不可收拾。这时，您一定要和孩子强调，"不能偷盗"是铁一般的"规矩"，永远不能破坏。

因此，爸爸妈妈要分清楚不同性质的"闯祸"，然后进行引导，这是件特别重要的事情。不要不断给孩子压力，告诉他们不能"闯祸"、一定要"听话"，而要分清孩子行为的动机，该宽容的地方宽容，该夸奖的地方夸奖，该处罚的地方处罚。定了"规矩"，就要彻底地执行，家长在孩子心中才会更加值得信赖。有些孩子的行为超出了我们的底线，家长在匡正孩子行为的同时，也要及时反思自己，孩子为什么会这样？只有如此，孩子才能生出自己的决断力，懂得做人做事的规矩。

所以，孩子有抵触情绪，我们要知道如何化解。在与孩子真诚平等沟通的情况下，与孩子一起"定规矩"。然后，在贯彻执行"守规矩"的过程中，始终保持冷静和行动力，这样我们就能加强孩子的自我约束力，孩子在未来也会更懂得如何守规矩。

峰哥语录

- 尊重孩子的想法，一味地责骂并不能解决问题，反而会激起孩子的叛逆心理，更加意识不到自己的错误。
- 不学习的父母最可悲，不学习的父母只会唠叨和催促，加速孩子的叛逆。

张弛有度：
孩子没有"至高无上"的地位

　　"定规矩"的好处是很多的，其中有一点就是，预防我们对孩子太过严厉，或者太过宽容。毋庸置疑，大多数家长都是爱孩子的，但因为不得法，总是走极端。有时候太严厉，有时候又太宽容，这都是不可取的。爱孩子要有方法，要张弛有度。今天，再和大家分享一个比较通用的"规矩"，就是不要让孩子在家里觉得自己有"特殊待遇"。

孩子没有"特殊待遇"

　　在我们中国的大多数家庭里，孩子享有"至高无上"的地位。为什么这么说呢？孩子没人照顾，把爷爷奶奶接来，爷爷住不习惯，好，那就奶奶单独留下来照顾。那爷爷奶奶、姥姥姥爷都年纪大了，照顾不了了，怎么办呢？那就妈妈把工作辞掉，在家里专门照顾孩子。

　　当然，每个家庭有每个家庭的情况，我不是说这么安排不好，而是说家庭当中每一个人的需求，似乎都在为孩子让步。这样的家庭氛围容易让孩子产生一种错误的感觉，就是自己是享有"特殊待遇"的。有一些我们习以为常的做法，对孩子并不好。一旦孩子从小就觉得自己是享有"特殊待遇"的，那么，等他长大了，发现在社会中并不是这样时，他就会产生很大的落差。今天，我就和大家说说这些常见的做法，您看看您是不是也常做。

第一，爸爸或者妈妈在对孩子进行批评时，另外一方对孩子进行庇护。对孩子来说，最大的灾难之一就是父亲、母亲的观点不一致，一方认为错了，另一方认为没错。在孩子早期建构自己内在世界的过程中，父母对孩子行为观点的不一致，会导致孩子的混乱。比如，妈妈在批评孩子的时候，爸爸在旁边嘟囔，说你不应该这样管。您如果真的想对孩子好，夫妻两个就多观察孩子的行为，多商量教育孩子的方法，这些讨论不要当着孩子的面进行。

第二，过分地关注孩子。我一直鼓励大家多关心孩子，但不是让您一天到晚 24 个小时都拿着放大镜看孩子。您太关注孩子的话，往往最后觉得孩子哪儿都不行，您就会特别焦虑，孩子也会特别焦虑。一个人或多或少都有些缺点，有缺点的孩子才是活生生的孩子。这个世界上，不存在完美的孩子。如果我们父母总想用一个完美的标准去关注孩子，会给孩子造成莫大的压力。您想想看，你是不是又希望孩子上课时能坐得住，又希望孩子在课下天真活泼、热情洋溢？您是不是又希望孩子善于表达，又希望孩子没事不要老插嘴？同时，您这样看着孩子，孩子会觉得自己

太重要了，会觉得喘不过气来。

第三，总是无条件满足孩子的要求。孩子说"这次期末考试考好了给我买部手机"，您答应了；孩子说，"我今天帮您做家务，您给我买那双2 000元的鞋"，您又答应了；孩子早晨睡懒觉不起床，您跟老师说谎帮他请假，让他晚点去学校；孩子坐在床上玩游戏，喊妈妈给他接杯水，妈妈二话不说给接来了。孩子成了家里的祖宗了，家长求着孩子，给妈妈上学，给妈妈好好写作业，给妈妈好好吃饭。孩子长久地生活在这样的家庭当中，会被培养得非常没有责任心，认为考试、做家务是为了得到奖励，认为犯懒不去学校理所当然，认为自己就应该有人伺候，认为吃饭、上学、写作业都是在帮妈妈完成任务。这样的孩子意识不到，自己有自己的人生任务要完成，学习、考试、吃饭、喝水、做家务，都是为了让自己以后生活得更好。

打造"有规矩"的家庭

我因为从事教育方面工作的关系，总是能看到很多比较惨痛的教育失败的案例。有些孩子因为从小没有人给立规矩，长大以后学习、工作的路都不好走，有的甚至抑郁了，最后闹自杀的也屡见不鲜。孩子与父母之间，最后以互相伤害收场。你舍不得给孩子立规矩，将来一定有人给他长教训。老话常说："三岁看小，五岁看老。"这倒不是天赋论，而是希望家长可以从小给孩子立好规矩，这样的孩子长大以后，才有可能懂道理明是非。

　　我还看过一则新闻，说一位父亲和自己孩子在饭馆吃饭，孩子吵闹不休，家长非但不制止，还威胁其他希望对孩子好言相劝的顾客。既然父亲如此，孩子当然更是变本加厉，竟然开始往别人的水煮鱼中吐口水，屡次挑衅之后，对方终于忍无可忍拿出刀子捅死了家长，还把孩子按在水煮鱼中，孩子最终也窒息而亡。经过警方的调查，原来那两个顾客都是通缉犯，身上还背着人命。这就是从小没有规矩的家庭，带给孩子的凄惨后果。

　　前些天，还有位家长跟我说，她亲戚家的孩子爱玩电子游戏，爸爸妈妈从小溺爱，长大以后想管也管不了了，现在孩子长到19岁了，也不上学，也不工作，就在家玩游戏。所谓严慈并举，"严"是指什么？就是指凡事有规矩。当然，大家不要把我说的话给误解了，"严"是教育的一部分。那么，"慈"是什么？"慈"就是我说的和善、坚定、慈爱，也就是对孩子无条件的爱。家长要懂得在日常生活中，在对孩子的教育中，把握"严"与"慈"的分寸，学会两条腿走路。打造"有规矩"的家庭，让孩子走得更远。

 峰哥语录

- 家长给自己的孩子太多，就变成了溺爱，给别人的爱太少，就变成了吝啬。
- 任何人如果没有了规矩，就像断了线的风筝，没有好结果。

自我反省：
作为家长，首先要做一个"有规矩"的人

孩子未来的好坏，在很大程度上取决于父母的引导。您如果干了不务正业的事，破坏公序良俗的事儿，您家孩子也很难成为一个守"规矩"的人。您在要求孩子的同时，也要要求自己，不能对孩子一套，对自己一套，这对孩子是很大的伤害。所以，我们家长要时常反省：自己一个"有规矩"的人吗？

家规是给谁制定的?

我曾经收到过一条语音，是一位三年级的同学发的。这条语音是这样说的："王老师，您好，我想问您一下家规是给谁制定的?"当我听完这条消息以后，就明白了，这家的家长一定有些问题了。我给孩子这么回复的，我说："家规是给全体家庭成员定的，你们家里头有三个人，那就是给这三个人定的。如果你们家有六个人，那就给这六个人定的。"

这其实是个普遍的问题。我跟大家说，要和孩子一起制定家规。结果，很多家庭定了，却成了给孩子定的，而不是给全家定的，孩子能执行，家长却执行不了。很多家长和我反映说，王老师，我们家规定好了，我家孩子却不执行。大多数的情况是，家长先破坏了规则。家长要时刻警惕这一点：因为家长在家庭中天然拥有绝对权力，那么就要避免这种权力的滥用。很多家长潜意识都认为，这个规则我破坏了，孩子也不能怎么样，但是孩子一旦破坏了，自己心情就不爽，就想收拾孩子。

那个三年级的孩子后来委屈地跟我说："王老师，当时我们在制定家规的时候，所有的人都说一定要执行。这两天我做到了所有我们家规当中我应该做到的一切。我早早地就做完了作业，但是我爸我妈又让我多写点儿作业，说'你这么早就写完作业了，再增加点儿吧。你还有一个多小时才睡觉呢，这时间就浪费掉了'。"他接着说，"我已经找到学习的感觉了。我需要玩，而爸爸妈妈不让我玩。但是，家规当中写了一条，爸爸妈妈不允许干涉孩子的学习。"

您看，这个孩子很痛苦。我不知道多少家长在犯这样的错误，有多少个人在干这样的傻事。孩子在规则的约束下，自己能够把应在9点完成的作业8点就完成了，在学校里头都没有玩儿，把作业写了一大半，为了在8—9点这个时间段做自己喜欢的事情。而妈妈爸爸却认为孩子在浪费时间，这就叫言而无信。我们都希望孩子能够做到言而有信，而现在的爸妈反而做不到。父母期望有好孩子，孩子期望有好父母。父母不能变好的话，就很难要求孩子了。

做自律的父母

父母提升自己自律的能力是很重要的。跑步需要能力，您体力好了才能跑得快；说话需要能力，您有条理了，别人才爱听；做饭需要能力，色香味俱全，别人才爱吃。作为父母，我们自律的能力怎么样，要扪心自问一下。

哪怕是最杰出的人，他们做事情也是需要练习的，甚至是练习时间最长的人。有一个篮球巨星叫迈克尔·乔丹，他打篮球很厉害，在赛场上，他能闭着眼睛把篮球扔进篮筐里面。后来记者就采访他，问为什么别人睁开眼睛都投不进去，而你却能够在闭上眼睛的情况下还投得那么准？他说，每天大家练完球的时候，很多人都筋疲力尽去休息去了，而他却没有。他坚持做的一件事情就是，每天投球3 000次。

这个是什么概念？我们感觉到不可思议。这需要怎样的自律才能坚持下来？但是他做到了。那么，当我们在赛场上看他发挥得那么淋漓尽致的时候，就能明白是为什么了。很多人都觉得他太厉害了，但是在背后他付出了常人无法付出的努力。人都是这样的，练习的时候厉害，比赛的时候才会厉害。现在，很多人平时都心浮气躁，指望在关键的时候发挥出色是不可能的。最杰出的那个人一定是练习时间最长的人、坚持时间最长的人，也就是最自律的人。

如果发现自己做得不够好，就要赶快给自己制定目标。制定目标有多重要呢？我举个例子。昨天有个家长跟我说："我原来是您的'粉丝'，但是后来我把您取关了。我有两个孩子，老二现在上初中。我孩子习惯不好，我听您说，就越听越想哭。我每天一看到您开播，看到您这个头像，我不知道怎么了，我就想哭。后来我怕我自己得抑郁症，就把您取关了。后来，孩子越来越糟糕了。"

我试着给她分析了一下。我认为，她之所以感觉听完课痛苦，因为她只是为了听课而听课，没有带着目标来听课。所以，越听越迷茫，越听越束手无策，越听越不知道怎么干。那么，我的直播间当中有不少家长是这样的，听了一年课了，还是没有找到自己的方法，我教了那么多种方法，结果都没法应用到实际中。咱们家长以身作则提升自己的自律能力也是一样的，您不能为了自律而自律，最后把自己搞抑郁了。

人们常说：家庭是孩子的第一所学校，父母是孩子的第一任教师。我认为，不仅如此。父母在孩子的成长过程中扮演的角色太重要了，远比老师和学校影响孩子更早，也更深远。因此，要求孩子"有规矩"的前提是，父母自己要做一个"有规矩"的人。您今天觉得自己不如别的家长，自己家孩子不如别人家的孩子，不要怕，只要找好目标，一天天地坚持努力，您和孩子都会成为最厉害的人。

峰哥语录 ▮▮▮

- 想成长有一万种方法，不想成长有一万种理由。

- 人生其实很公平，在哪里付出就在哪里得到，在哪里打磨就会在哪里闪耀。

第四章

轻松点燃孩子的内驱力，自觉、主动的孩子才有竞争力

自动自发：
唤醒孩子内驱力，开启孩子的自驱按钮

　　我们是不可能一直陪着孩子的，孩子会成长，会离开家，会独自面对这个充满未知的世界。我们从小引导孩子，帮助他们有基本的生存能力、有不错的学识、有良好的自律习惯、有强大的抗挫折能力。这一切的目的是什么呢？就是让孩子无论在将来遇到什么样的情况，都能拥有令人满意的幸福生活。在我看来，内驱力就是这样一种能力，这种能力可以让孩子自我疗愈、自我成长。

　　内驱力是什么？内驱力就是孩子可以在没有外力干涉的情况下，自己管理自己，自己听自己的话，自己守自己的规矩。这样的孩子有原则，沉稳踏实，知道自己要什么，能够对自己的生活有控制感。说实话，有这样的孩子，您未来就轻松了，什么都不用您着急，不用您操心，他的生活也绝对差不到哪儿去。

自我驱动的孩子，可以面对生活的困境

　　孩子未来面对的生活可能是很艰难的。我们可以想到，未来

的孩子们竞争会越来越激烈。但是，能够自我驱动的孩子，会在有限的选择中，找到自己更合适的生活。这种通过自驱、自律从而达到自立、自主的过程，会让孩子有一种我可以控制我的生活的感受。这种感受是孩子未来生活的养分，是让他的生活能够和风细雨的前提。

这样的孩子拥有健康的心智，能够在任何一条道路上进步，哪怕摔倒了，也能够咬牙爬起来。在我看来，孩子如果成长成了这样的人，我们作为家长的使命也就完成了。我们传统的家长，总是希望给孩子铺好路，让孩子过上自己认为最好的生活。但是，我们家长真正的使命是，帮助孩子拥有一种能力，一种能够过上他自己想过的生活的能力。想要帮孩子拥有这种能力，就要依靠家长自己在引导和教育孩子成长的过程中，不断学习、不断成长。

幸福的生活是怎样的？

那么，到底什么样的生活是幸福的生活呢？我建议，您越早和孩子讨论这个问题越好。实际上，如果您选择不和孩子讨论这个问题，您对生活的看法就会潜移默化地影响孩子，孩子就会认为父母的标准就是他应该努力的目标。也许过了半辈子，孩子才知道那不是他想要的生活。

比如，上一代父母都不富裕，赶上改革开放的洪流，有人赚到钱了，有人没赚到钱，但无论如何，那一代大部分的父母都认

为，好的生活就是经济比较富裕的生活。在一般情况下，这种标准给到孩子，问题也不大，但如果孩子想从事的职业就不太赚钱呢？没有赚到钱的职业，就不存在成功的可能性吗？金钱与成功之间的联系和差异又是什么呢？

我想，我们这一代父母应该和孩子讨论，赚钱和幸福生活之间没有绝对的因果关系。虽然一个人的收入水平从一定程度上决定了人们的幸福指数，但这不是唯一的影响因素。因为，只有在人们无法解决温饱和安全问题的时候，收入才和幸福指数关系密切。现在，我们大多数的家庭已经不再为下一餐饭在哪里发愁了，那么，您的孩子还需要为了赚更多一些钱来牺牲自己的志趣吗？

当然，我并不是在说清贫的生活更值得过。我只是在说，您应该让孩子明白，对他们的人生来说，什么才是最重要的，在专业和职业的选择上，应该着重考虑的维度是什么。在这里，我想推荐一本书给您，是世界排名第一的 TED 演讲人肯·罗宾逊的《让天赋自由》。在他看来，天赋是每个人的专属礼物，每个人都有与生俱来的天赋，只有沉浸在由天赋指引的世界中，才能过上幸福自由的人生！

我想，这是我们作为家长的责任，帮助孩子找到他的天赋。在这个过程中，两个问题至关重要：第一，孩子真正喜欢做的是什么？第二，他能比大多数人做得更好吗？如此，他会逐渐地发现自己想过的那种生活，也只有在这样的生活中，他的内驱力才会发挥到极致。我想，帮助孩子过上他想要过的生活，是家长的一种责任。拥有内驱力的孩子，就拥有了过上幸福生活的力量。

因为每个人都希望，自己的生活是由自己掌控的。在培养孩子自觉、主动构筑内驱力的过程中，最重要的是让孩子对生活有控制感。

峰哥语录

- 孩子的内驱力是父母传递的。

- 人生就像射箭，梦想就是箭靶子，如果没有箭靶子，拉弓又有什么用？

挖掘需求：

把"尽量做"和"必须做"为孩子区分开

　　家长们特别爱说一句话，就是我们家孩子没有积极性。那么，什么是积极性？在我看来，积极性是自律的开始。虽然，我非常强调我们要从小培养孩子自律的习惯，但是，人如果只靠控制来保持自律，是非常耗损自身能量的。

　　我们家长都明白，无论是学习还是其他什么事情，您强迫孩子几乎没有一点用处。只有孩子真正有了积极性，自律、主动这件事才变得更容易、更水到渠成。那么，我们家长要怎么培养孩子的积极性呢？

把"尽量做"和"必须做"分开

　　既然自律这件事是非常耗能的，那么，我们就不能要求孩子事事都自律。您自己也是一样吧，在健身减脂的过程中，还要吃点"欺骗餐"来让自己舒服一点。所以，那些要求孩子"必须做"的事情，您要和他说清楚。比如，早晨必须几点起床，因为不起床，上学就会迟到，或者赶不及吃早餐，这是必须做的。那晚上睡觉是不是必须的呢？我认为如果放松半个小时，能让孩子更开心，那么晚睡一小会儿就没什么。您可以对孩子说："我们晚上尽量在9点半睡觉，但如果你今天特别想做点别的，也可以延后到10点。"

什么样的事是"必须做"的？那些关乎原则的事，比如个人卫生类的，洗澡、刷牙、穿干净的衣服。什么样的事是"尽量做"的？那些不算特别重要、做不做没太大关系的事，"尽量做"就好，具体什么样的事情属于这类事，每个家庭的情况不一样，您可以根据自己家孩子的情况来。这样做的好处是，让孩子把主要的精力集中在那些"必须做"的事上，而在"尽量做"的事情上，给他自己很多的控制感。这样的区分，本身就解放了家长和孩子很多精力。

慎用"奖励"督促孩子

是的，我们已经帮孩子区分了"尽量做"和"必须做"。但是，尽管如此，孩子依然没办法做到。在这样的情况下，家长往往没有精力再去管什么自律，而是直接"奖惩分明"了。做到了，奖励一顿好吃的，奖励一个好玩的；没做到，就收拾一顿。奖励有时候非常有用，甚至有些孩子在比较小的时候，因为奖励机制，也培养出了一些良好的生活习惯。但是，深层次的自律是很难通过这样的奖励来实现的。

另外，近年来关于教育的相关研究表明，奖励有时候会降低孩子的表现水平，还有可能毁掉孩子旺盛的创造力。这个原因我也经常提到，孩子如果为了一部手机好好学习，那他得到这部手机之后，就不会学习了。因为，他认为学习不是他自己的事，他不用学习；他学习是为了他爸，所以他爸才会给他买手机。这样的孩子，最终感兴趣的是手机，而不是学习。实验发现，即使孩子为了得到奖励，没有通过作弊等手段，而是通过自己的努力在考试中得来了高分，孩子依然没办法很好地掌握所学的知识。

挖掘孩子的内驱力

孩子怎么才能拥有真正的内驱力，而不是为了奖励而做事呢？一种比较主流的心理学观点认为，要培养人的内驱力，包含三类需求：自主需求、胜任需求、归属需求。其中，最重要的是自主需求。

什么是自主需求？就是我能决定我怎么干。其实，我们成年人也是一样的，您在公司工作，是不是也很烦老板事事都管着您，老板为您的工作提供了自由的空间，可能比发奖金都有用。对孩子来说也是一样的，您如果能为孩子解释清楚，为什么做这件事，并且让他自己决定如何做、什么时候做，就是在满足他的自主需求。当孩子们明白为什么做这件事并且自主需求被满足之后，他们就更有意愿去做。我们作为人，都想通过自己把握住什么，孩子也不例外。您作为家长，应当在这方面为他提供支持。

接下来是胜任需求，这是什么意思呢？我们常说一个人能不能胜任这项工作。这里说的胜任，就是能够很好地完成工作。但是，家长要注意一点，这里说的胜任需求，并不是真的很好地完成，而是一种孩子自己认为能把事情很好地完成的感觉，是他自己对自己能力的肯定。我见过很多孩子，明明很优秀，却总觉得自己不行，这就是胜任需求总是得不到满足。那么，作为家长，我们可以在这里为孩子做什么呢？夸奖。是的，还是夸奖。夸奖这件事，就是我要反复强调的。怎么夸呢？夸孩子的努力。比如，我看到你对英语的努力了，即使暂时没有拿到理想的成绩，我也觉得你很棒！你这么努力，每天都在进步，一定可以达成目标的。在孩子还小的时候，先是您觉得他能"胜任"，始终坚信孩子可以，久而久之，这种对自己胜任力的信心，就会内化为孩子自己的了。

最后，是归属需求。这种需求更像是一种情感需求。不知道您小时候有没有这种体验，您越喜欢一个老师，那门课的成绩就越好。或者，一个老师越喜欢您，越夸奖您，您那门课的成绩就越好。这就是归属需求对内驱力的作用。您可能并没有那么想做这件事，但是因为喜欢一个人，而充满了干劲。现在，您可以充当那个让孩子愿意努力做事的人，让孩子感受到您对他的喜爱和夸奖，无论他是什么样子，都有始终爱他的心。这样，孩子就会为了您而开始去做事。您可能会问，这不就是对孩子情感绑架了吗？不是的，您这种无条件的爱，无论孩子考多少分、做得如何都始终存在的爱，会成为孩子价值取向的一部分。最终，我们每

个人在选择未来道路时，都是在整合所有的价值取向，您作为让他有归属感的、关心他的人，您的价值取向也将成为他考虑的重要因素，这不是绑架，而是爱。

　　总之，培养孩子的积极性是培养孩子自律的开始。作为家长，首先要将"尽量做"和"必须做"为孩子区分开，这样，可以节省家长和孩子的精力。另外，为了挖掘孩子的内在驱动力，我们要想办法满足孩子的自主需求、胜任需求和归属需求。

峰哥语录

- 选择不同，结果就不一样。
- 人生有两条路需要走：一条是必须走的路，一条是想走的路。只有把必须走的路走好了，才能走自己想走的路。

自律伊始：
想要自律，就是要先做好最基本的事

　　有一天，和一个朋友聊天，他问：你说自律是件天大的事儿吗？怎么这么难？我笑了，自律还真是很难，但自律不算个天大的事儿。自律在您生活中的一茶一饭、一点一滴中，每天早起、读书、关心他人、与同事真诚合作、与家人友爱和善，无不是人们自律的体现。您可能觉得，这有什么难，这都是小事。但您仔细观察就会发现，其实很少有人能做到这些。

　　自律，就是要先做好最基本的事。把那些看似不起眼的事情做好，并没有您想象的那么容易。我们要求孩子也是一样的，不要一下子要求孩子完成多么特别的事情。自律，就是要先做好最基本的事。

好高骛远不可取

　　我在我的直播间里，经常强调制定目标的重要性。但是，我往往有一个担心，我既担心家长把孩子的目标定低了，又担心家

长把孩子的目标定高了。因为，很多孩子因为害怕自己达不到目标，而破罐破摔或者陷入崩溃。当孩子一心只想完成某个特别高的目标时，强烈的焦虑感会淹没他。

我们总是开玩笑说，咱们中国的大学就只有三所，叫清华、北大及其他。但是，这个玩笑却真实地发生在无数个家庭中。很多家长的确只知道清华、北大及其他。所以，他们希望孩子可以考入清华、北大。如果孩子做不到，那么就考什么大学都一样了。事实上，我们知道，我国有"985"大学、"211"大学，不同的大学还有自己的优势学科。如果您把孩子的目标就定在清华、北大，那孩子是一定会焦虑的。家长这样做，除非是凤毛麟角的学霸孩子，要么是破罐破摔随便考所大学，要么是被焦虑折磨得睡不着觉。

有的家长就问了：那这可怎么办？到底定个什么样的目标才好？是的，目标定得太低，也会让孩子失去动力。我这里有一个办法和您分享，就是定两个目标。因为，一般来说，我们特别容易被"我一定要……但是我没办法……"击溃。您想一下，您是不是也是这样的？比如，我一定要创业，但是我没办法拉到投资；我一定要升职，但是我没办法搞定项目。那么，对孩子来说更是这样。如果您一定要他考上清华，他又没办法做到，他就会感觉非常难受。

这时，第二个目标就能让孩子更积极地去行动。第二个目标是，"如果我做不到……我还可以……也很好"。比如，如果我做不到考上清华，我还可以上省会那所"985"大学的人工智能专业，也很好。两个目标的做法，可以让孩子更灵活地应对日常生活中的事情。面对压力和挫折时，也不会再那么手足无措了。像我举的这个例子，这个孩子可能考清华很费劲，即使考上也完全没有挑选专业的可能，而在家乡读省会城市那所"985"大学就不一样了，他的成绩让他有余地选择自己最喜欢的专业，这样是不是也很好？当孩子开始想象另外一个目标实现时的场景时，他就不会那么焦虑了。

"两个目标" 的应用场景非常广泛

制定"两个目标"的方法，可不止适用于报志愿这个问题。在生活中的方方面面，我们都可以试着有两个目标。设定两个目标，可以帮助我们更全面地理解我们的处境。当我们在设想不同的目标实现的场景时，我们实际上也是在分析问题。这样，即使第一个目标不能达成，我们也不会认为我们的整个人生都失败了。毕竟，我们还有自己也很喜欢的第二个目标。这么做还有一个好处，就是这能找回孩子在焦虑时失去的控制感，重新开始从最基本的事情做起。这也是我为什么说，自律就是做好最基本的事情。

对于孩子来说，当我们与他一起设定了不同的抵达目标的路径时，他会变得冷静和沉稳。在未来，他面对人生的诸多问题时，这个思路都能帮他实现幸福的生活。求职也好，感情生活也好，甚至是一次旅行、一顿早餐，孩子们明白美好的结果不止一种：这个工作是我梦寐以求的，但那个工作也很好；这个男朋友我很喜欢，可是我们性格不合，我一定可以遇到一个更合适的；我计

划的旅行地去不成了，我还可以去另外一个地方度过假期；我每天吃的麦片吃光了忘了买，换一种食物作为早餐也很好吃。两个目标的思维，让孩子的认知得到拓展了，压力得到缓解了，他的注意力就会放在如何做好当下的每一件小事上。

我记得，有个家长和我讨论过，孩子要考英语听力，但是他的英语听力不好，孩子就特别焦虑。我就和他说，您可以和孩子这么分析：高中的英语听力不止考一次，如果这次没考好，我们可以努力下次再考一次。因为这位家长提到他家孩子成绩很好，只有英语听力是短板，我就说让孩子放下包袱，这有什么呢？哪怕这几次机会都没考好，我们可以努力再去把长板弄得更长一点，这几分也就追回来了。这样想，固然听起来不是很坚决、很刻苦，但总比为了一个几分的英语听力的分差，搞垮自己的学习状态要好。

总之，不要一下子要求孩子完成多么特别的事情，目标定得太高容易让孩子陷入崩溃或者干脆破罐子破摔。制定"两个目标"的方法，可以把孩子从焦虑与压力中拯救出来。由此，孩子就可以专注完成眼下的事情。自律，就是要先做好最基本的事。

峰哥语录

- 自律者出众，懒散者出局。
- 自律的人才自由，不自律的人一辈子受人约束。

延迟满足：

让孩子成为一个自律又自由的人

在最近的 100 年，我们以及我们的祖辈、父辈都或多或少经历了一些物质上的匮乏，所以，"及时行乐"曾短暂地流行过。但是，一个不懂得延迟满足的人绝不会是一个自律的人，而没有自律能力的人就很难获得真正的自由。

今天，就和大家说说延迟满足这件事。首先，我们要知道"延迟满足"这个概念是如何来的，它代表了什么；然后，我来帮大家厘清一些对"延迟满足"错误的理解，希望家长可以对这个概念有更深刻的认识。

"延迟满足"概念的由来

1972 年，心理学教授沃尔特·米歇尔在美国斯坦福大学的一家幼儿园里做了一个实验。这个实验很出名，叫"斯坦福棉花糖实验"。

这个实验是这样设计的：让 4 岁的小孩单独待在一间小房间

里，这个房间的桌子上放着一个托盘，托盘里放着一颗棉花糖。棉花糖是当时的小孩子很难抵御的诱惑。研究者告诉孩子们，如果想要吃掉托盘上的那颗棉花糖，就要摇一个摆在桌子上的铃铛。但是，如果他们能忍住暂时不吃这颗棉花糖，坚持 15 分钟，等研究人员回来后再吃，就可以再获得一颗棉花糖。

这个实验就是在考查孩子的延迟满足能力。大多数的孩子坚持不到 3 分钟就放弃了，有些孩子甚至没有按照规定按铃，就直接把糖吃掉了。小部分孩子则成功延迟了对棉花糖的欲望，他们战胜了棉花糖的诱惑，等到研究人员回来，并获得了自己的另外一颗棉花糖。在对这些孩子长达十几年的追踪中，研究者们发现，当年那些可以抵御诱惑、忍着不吃棉花糖的孩子，在进入青少年时期后的心理调节能力更强，更加值得周围人的信赖，并且在参加有"美国高考"之称的 SAT 时，他们获得的分数也更高。后来的一项研究表明，高延迟满足者在完成意志控制任务时前额叶皮质兴奋度更高，而低延迟满足者纹状体（与成瘾有关的区域）兴奋度更高。

这就是"延迟满足"概念的由来。这个实验结果被传播开来之后，人们普遍认为成功需要较强的意志力，需要有较为自律的性格。这个结论其实符合我们的常识。所有轻松的成功都是经过粉饰的故事，没有人可以随随便便地获得成功。但是，"延迟满足"这个概念，被有些父母误解了。

对"延迟满足"的误解

有些家长认为，延迟满足就是不要马上满足孩子提出的要求，这是很危险的。刻意这么做的后果，可能是孩子觉得您不爱他，或者他不配得到好的东西。

这不难理解，您想想，如果您向老公或者老婆提出需求，却总是得不到对方回应时，您怎么想？您跟老公说"我希望你可以周末陪我去逛街"，他屡次拒绝您之后，您是不是懒得和他提了？哪怕有一天他忽然说"我今天可以陪你去"，您也觉得没意思了吧？和姐妹约着逛街也很开心，才不需要这种"延迟满足"！但是，在您心里，您会觉得老公没有那么重视您的感受。

当孩子向家长提出要求，总是得不到回应，或者要过一段时间才能得到满足，时间久了，孩子就什么都不想说了。孩子开始的时候可能会生气，慢慢地就会开始绝望。尤其是对于小的孩子来说。这种做法有一阵子很流行，就是孩子哭了，别马上去抱。这是匪夷所思的做法，如果孩子的每一次哭声都无法得到回应，这个孩子长大后只能是极其缺乏安全感的。

另外一些不能立马得到满足的孩子，则会选择激烈的方法去"得到"，他们因为过于恐惧"得不到"，便会在要东西的时候撒泼打滚，哭闹不休。家长觉得这孩子不懂事，其实孩子是在说"这个东西我很想要，你重视一下"。这样的孩子长大了，脾气容易比较暴躁，做事可能会没有耐心。

刻意的延迟还可能会让孩子变得更加不易满足。还记得本章开头尹建莉老师那个关于糖罐子的例子吗？当我们开始控制孩子，孩子可能会变得更想"得到"。这时，孩子已经不是想吃糖，而是心理上得不到满足的叛逆。这种心理上的匮乏感，将来多少物质都是无法满足的。

我在这里插一句，我认为，父母一定要做舍得给孩子花钱的父母。其实，无论您家条件如何，您都不希望孩子吃您原来吃的苦，对吗？您即使条件一般，省吃俭用地过日子，也不希望您家孩子在学习当中用的东西是差的，对吗？所以，不是说要道德绑架孩子，而是要让孩子感受到父母对自己的爱。

很多"80后"因为小时候家长不给买玩具，长大之后就要有一个房间专门放自己的玩具；因为小时候家长不让到处乱跑，被关在家里学习，长大之后就要不停地去旅行才感到满足；因为小时候总被家长恐吓说"咱们家很穷"，长大后就要不断奔波、不停赚钱才踏实。因为，内心永远在说"还不够"。到了这个程度，已经40岁了，也分不清什么是真正想要的了。当然，这还导致一些"80后"的家长，会对自己的孩子"过度满足"。

所以，这种刻意地延迟满足并不能锻炼孩子的意志力，他们会觉得这种"等待"毫无意义，会觉得自己的需求被压制了。比如，妈妈去出差了，孩子哭闹不休，但您的确没法立刻出现在孩子面前。您要告诉孩子为什么，以及大概什么时间可以回来。再比如，孩子在商场看到一个喜欢的东西，但是特别贵，您真的没有能力买给他，您一定要强调不是他不配得到这个东西，也不是他做得不好，而是家长确实目前没有这个能力。这个时候，要允许孩子失落。很多家长觉得，我对孩子这么用心，孩子就要一直乐呵呵的，一个孩子有什么事可烦恼的？那我确定，您会很快就感受不到孩子真实的情绪了。

所以，真正的延迟满足是，家长看到孩子想要的东西，可以满足的立即满足，让孩子感受到家长的爱。不能满足的，或者家长确认觉得不应该马上满足的，告诉孩子为什么，为什么要克服当下的困难，才能获得更好的结果。

峰哥语录

- 任何事情只有弄通弄透，您才会越做越好。
- 选择对了事半功倍，选择错了努力白费。

彻底理解：
到底什么是真正的"延迟满足"？

现在，我们来聊一聊到底什么是真正的"延迟满足"。我已经跟大家讲了关于棉花糖的实验，这是"延迟满足"概念的由来。但是，棉花糖实验时常让大家产生一个误解，就是"延迟满足"的对象是某种物质。其实，大多数的时候指的并不是物质。

被"延迟满足"的总是物质需求吗？

我们先来看一看成年人是如何运用"延迟满足"这个概念的。您在饮食中控糖、控油、控盐，坚持健康的作息，并且进行适当的锻炼，您在"延迟满足"什么？您是为了让自己有一个更健康的身体，这样才有可能质量更高、更长久地享受生活。

那么，对孩子来说也是一样的。您不给孩子买玩具是因为什么？不让孩子出去玩是因为什么？和孩子说"咱们家很穷"是因为什么？您要和孩子解释清楚。玩具或者会占有孩子大量的学习时间，或者确实非常贵，买不了那么多，您都要和孩子说清楚。我记得一个斯坦福毕业的高才生讲，她小时候爱看漫画，爸妈觉得耽误学习，她就和爸妈说，那我完成作业之后看，并且保证成绩还是名列前茅不下降是不是就可以了？于是，她就每天获得了通过自己努力而来的"延迟满足"，不仅获得了看漫画的快乐，学习效率也更高了。而我们大多数的父母没有办法和孩子达成这样的共识。他们忽略了孩子对兴趣爱好的正常需求，认为所有的时间都应该用来学习，孩子考了前十还想让他考前三，考了前三还想让他考第一。

其实，让孩子通过自己的努力获得"延迟满足"的过程，也是一个让孩子经历困难并最终克服困难的过程。现在，好多孩子都没有经历过什么困难，也许是他经历了，但是您给他扫平了；或者是他经历的困难都是您给他制造的，让他无从克服。您挡在了孩子和世界的中间，您可以感受到吗？您就像是一座墙，把很多的东西都挡住了，把困难挡住了，把满足感也挡住了，孩子根本经历不到本应该他经历的事儿。

那么，将来这样的孩子可能就只能看到眼前，因为他认为我努力了也得不到我想要的，还不如眼前有什么就先享受了。这样的孩子，谈恋爱的时候可能会因为对方一点小恩小惠，就和人家谈婚论嫁了；找工作的时候，可能会因为老板多给 500 元，就选了相对不喜欢的那份工作。这时，"及时行乐"就变成了孩子人生的拦路虎。

"延迟满足"是孩子成长的助推器

今天，您用正确的方法引导孩子去"延迟满足"，"延迟满足"就能在未来变成孩子的助推器。今天孩子成绩没考好，您不要指责他，您问问他为什么没有学习动力，是不是您挡住了他可能在学习中获得的满足感，是不是您本来承诺给他的学习之外的快乐没有及时兑现。

您是一个成年人了，三四十岁了，不能很好地激发孩子的动力，您就需要成长提升，对吧？这个时候，您不能给孩子画饼，您家孩子才上小学，您和他说他只有现在好好学习，未来才能有个好工作，这是孩子没法想象的一种"满足"。如果把"好工作"变成"更自由"呢？您和他说，现在学习好了可以看漫画，未来学习优秀，就可以有更多好玩的事情让你选。其实，所谓"好工作"，不就是让孩子有能力、有机会去做自己想做的事吗？

孩子没起来床迟到了，老师会批评他。您不要怕孩子被老师批评，就给孩子请假，跟老师撒谎，说我家孩子昨天病了，肚子疼，结果让他一直依赖您去解决问题。您说了各种理由，您跟孩子共同欺骗老师。家长要记得，他自己遇到的问题必须让他自己去解决，绝对不是您要给他摆平。您给老师解释什么？让他自己去解释，不要太害怕孩子受伤害。他这次被批评长记性了，就知道每天要少睡一点觉，早晨早起一点，结果一周没迟到。下周开班会，老师表扬他进步了，他马上就懂了什么是"延迟满足"。

所以，让孩子自己去经历，不要给孩子当"服务员"。孩子写作业，您给他弄水、弄牛奶，把第二天穿的衣服都准备好。您太被动了，您想捧着孩子，他反而要往后撤。学习这件事，咱们都知道是孩子自己的，但是现在好像变味了。您比孩子还着急，您看他学得慢，恨不得替他学，您让他怎么明白什么是"延迟满足"？他得通过自己主动缩短玩乐的时间，自己主动摒弃赖床的时间，才能明白最终学习获得进步的那种骄傲感，甚至自己学习进入状态之后的那种"心流体验"。您是引领孩子的人，是孩子的导师，不是他骗老师的共犯，更不是他的全职保姆。

一个真正懂得"延迟满足"的孩子有两个特点：第一，情绪稳定。因为孩子明白了任何高级的满足感都需要时间的积累，所以他就不容易发怒。您看那些被惯得什么都不能够自己承担的孩子总是急躁的，从早急到晚，总是不顺心。因为什么？因为他看不到克服了眼前的困境之后会怎么样，所以他就不敢担事儿，来了一件事儿，就怕得不得了。第二，心态乐观。经历过真正的"延迟满足"的孩子，是和善而坚定的，似乎好运气总能降临在他身上。其实，不是因为这样的孩子运气好，而是他不急不躁、默默努力和付出，就总是遇到好事情。

心中有美触目都是美，其实不是这样的孩子遇到的事有多好，而是他明白他遇到的所有事情会指向什么，如何利用现有的资源去把事情往好的方向改变。他们会记得周围人有多好，能够跟大家完成联结。这样的孩子拥有和善、坚定的眼神，拥有平和而经常微笑的表情，自然而然地身边的人就会觉得这个孩子很强

大。当一个孩子在生活中不断收获正反馈的时候，就进入了良性循环，好的事情就会不断发生。

家长要想培养孩子"延迟满足"的能力，自己首先要具备这个能力。先从延迟满足一顿夜宵开始吧，自律使人自由不是一句空话。您今天少吃一口油炸食品，身体明天的数据就会好看一点。您今天多读一点书、多听一点课，明天遇到问题的时候，心里就有底一点。"延迟满足"不是一种人类本能，需要我们不断训练自己，最终，才能和孩子一起收获无比亮丽的风景。

总之，"延迟满足"的能力，是孩子们在学习和生活中，可以心态平稳、戒骄戒躁，取得最终成功的一项非常重要的能力。在这里，我要强调，有了理论基础还不够，家长要想培养孩子"延迟满足"的能力，自己首先要具备这个能力。所以，和孩子一起努力吧！

峰哥语录

- 只有战胜了严峻的考验，我们才能够通向成功的巅峰。
- 所有的成功都是厚积薄发的过程。

116

情绪稳定：
你的孩子能管理好自己的情绪和行为吗？

在我的直播间，很多家长和我谈起，孩子最大的问题是没办法管理好自己的情绪和行为，胆子大，或者有些叛逆性格，就特别"不听话"，甚至总闯祸。我说，这是因为孩子没有稳定感。我们作为家长，应该有意识地培养孩子的稳定感。

什么是稳定感呢？那是一种能自主调节身体和大脑的状态，做到情绪和行为稳定的能力。这样的孩子不会一遇到事情就大发脾气，而是自主地去适应。稳定感对帮助孩子们管理好自己的情绪和行为至关重要。具有稳定感的孩子思维更加敏捷，能够对没有经历过的事情做出比较快速的反应。

关于培养孩子的稳定感，我讲两个方面。第一，管理情绪要从小开始培养。第二，家长具有稳定感是培养孩子稳定感的前提。只有家长具备稳定感，才能在孩子情绪和行为失控时安抚他们，为他们提供帮助，为孩子的情绪发展负责。

让孩子从小懂得管理情绪

让孩子从小懂得管理情绪，并不是说他们不能有情绪。感到难过、失望甚至生气都说明孩子的感受力很强，是好事情。情绪丰富是孩子一生的财富，因为我们要知道，人的情绪是不能做选择的，如果一个人感受不到负面情绪了，他就也感受不到正面情绪了。那么，什么是管理情绪呢？管理情绪是指即使我们有了负面情绪，也不会让自己的行为失控，在感受到负面的情绪时，也能用比较理智的方法做出反应，而不是行为被情绪左右。

当然，我们要知道对特别小的孩子要宽容。因为我们之所以会觉得三四岁的孩子特别难带，就是因为这个年龄段的孩子大脑还没有发育完全，他们还不能形成这种稳定感。孩子被负面的情绪控制，就会大发脾气。这时，成年人的情绪要保持稳定，安抚孩子，让孩子知道您是爱他的，这会让孩子有安全感，从而有助于帮助他恢复稳定感，并且培养他未来应对情绪的能力。

家长情绪要稳定

其实，孩子也不喜欢自己行为失控，更不喜欢父母的行为失控，因为任何吵架、冲突都会让小孩儿感到害怕。我时常告诉家长，不要把我们的压力带给孩子，因为当您的压力特别大时，孩子是能够感受到的。同时，当我们平静而稳定时，孩子也会反映我们的情绪。您一定在生活中认识一些情绪特别平和的人，那些人总是微笑，即使周围的人都很急躁，他们也能保持稳定。这样的人如果是您的朋友，您是不是就特别信任他们，碰到棘手的事情也想向他们求助？因为，情绪是会传染的。

所以，我们作为成年人，一定要帮助孩子恢复他们情绪的稳定，不靠训斥，甚至什么都不必做，孩子就能重新恢复平静并充满信心。千万不能在孩子情绪失控时，您也跟着失控，孩子发脾气时，您也跟着发脾气，那就没法让孩子感到安全，会导致孩子长大之后，依然还是不能控制情绪，一有不顺心，还要靠发脾气来解决。您可以抱着孩子，轻轻拍着他，让他感到安全。然后，倾听孩子的想法，让他知道您是关心他的。然后，耐心地引导孩子，告诉他应该怎么做，或者不应该怎么做。

在孩子很小的时候，不能完全控制自己的情绪和脾气是很正常的。随着孩子年龄的增长，在爱和安抚的环境中，在情绪稳定的成年人身边长大的孩子，不仅能够保持对情绪的敏感，还能在强烈的负面情绪到来时，做出稳定的应对。

 峰哥语录

- 家长保持情绪稳定是对孩子最好的教育，否则得不偿失。
- 家长往往败在了情绪激动上，父母越激动孩子越反抗，事情越糟糕。

父母格局：
对孩子要用心、谦虚和包容

当我们在谈与孩子之间的相互联结时，其实是在谈一种情感的依赖。很多家庭的亲子关系都有这样那样的问题，总是充斥着痛苦和无助，父母和子女之间的情感也没法流动和依靠。我想，父母首先要有一种格局，相信孩子本来就很好，能够用心地、谦虚地、包容地对待孩子，为孩子建构一个安全的成长环境，让孩子自由地成长。

给孩子再来一次的机会

我们很多人都听过陶行知老师的那个故事，关于 4 颗糖的故事，是不是？这个故事讲的是，陶校长看到一个男同学正在打另一个男同学，陶校长就上前去制止打人的那个男同学，说"请你下午 3 点到我办公室来一趟"。

这个男同学一进屋就傻了，他做梦也没有想到，校长和蔼可亲地从口袋里掏出一颗糖说："孩子，首先我要奖励你一颗糖。3

点整你准时来了，说明你这个孩子时间观念强。"陶校长还要奖励第二颗糖，孩子蒙了，还有什么好奖励？"你看，我上午叫你别打那个同学，你马上住手，说明你懂得尊重校长。其实，我这个校长也非常渴望得到尊重。"

这个孩子眼圈通红，有一点撑不住了，哪知陶校长又变出了一颗糖，还要奖励他，第三颗糖让孩子彻底傻了。他问陶校长："我都打架了，哪还有这么多优点？"陶校长告诉孩子："我已经了解过，你打那个同学，是因为他在欺负女同学，说明你身上有一种正义感，在打抱不平，难道不应该奖励第三颗？"

孩子听到这儿，终于哽咽地说："校长，我打人总是错的吧！"陶校长接着又说："你看，我早就给你准备了第四颗糖。不瞒你说，从我第一眼看到你，就坚信你这个孩子一定是知错必改的好孩子，看来我的眼光是一点都没错的。"最后，孩子手里揣着 4 颗糖，泪流满面地走出了校长办公室。

所以，陶行知先生为什么是教育家？我们家长能不能这样用心地对待自己的孩子呢？面对失败，给孩子再来一次的机会。告诉孩子，不要抱怨、不要逃避，鼓起勇气再来一次。

只有这样用心地对待孩子，亲子之间的联结才能越发亲密。只有这种联结亲密了，孩子才会依赖您、相信您，并发展出更好的自己。我一直和各位家长讲，孩子一次成绩没考好，别劈头盖脸地就骂。您就把您的真情实感表达出来。您看见他考了 30 分，您难受，您就让孩子感受到您的难受。这个时候，孩子内心会翻江倒海，他感觉自己对不起妈妈，为什么妈妈就能如此地包容自

己呢？您告诉他，您相信他，让他自己也要相信他自己。孩子努力了，下次考了35分。家长这时候先别悲伤，要认可孩子的努力。您真心地相信，他一次就能进步5分，10次就能进步50分。您的开心孩子都能感受到。家长用心对待孩子，孩子就能找到方向。

其实，这就和孩子小时候学走路一样，您鼓励他，教他一步一步走。后来，孩子在成长过程中遇到的困难越来越多了，您依然没有指责他，而是告诉自己得带着孩子往前走。就是这样一次又一次温和又坚定的举动，让孩子自信了，有意志力了。后来，孩子就变得越来越好了。哪个孩子是管出来的？不要说孩子，您也不希望别人管您，对不对？

我听过很多最后考上清华北大的孩子，一开始的成绩并不尽如人意。曾有一个孩子打开录取通知书，抱着妈妈说："这个世界上没有人欣赏我，只有您相信我。"因此，我们家长要想让孩子尊重您，要想让孩子认同您，您必须给他一个理由。孩子今天不尊重您，孩子今天不认同您，一定也是有理由的。

当然，能让孩子有点崇拜自己是最好的。他不明白的事儿、不懂的道理，您能比他明白一些；遇见什么麻烦的任务，您的行为比他更积极一些；您的意志力比他更坚强一些……您就是他的榜样，他就会尊重您。所以，今天很多人说做父母很难，我认为这是没有志气。我认为，您只要坚持学习，做个优秀的家长不是很难。

谦虚和包容有多重要？

自以为是会阻碍人的自身发展，自以为是的家长还会阻碍孩子的发展。我常常说，从一个人说出来的话，就能知道这个人为什么能做这么好，或者为什么做得这么不好。成功的人都是既能脚踏实地干事儿，还没有忘记仰望星空的人。我们做家长的，一定要把自己的自以为是抛掉，告诉自己"三人行必有我师"。只有您谦虚了，懂得自省了，孩子才会在您面前发展出自己。否则，孩子总觉得和您比，他低了一等，要么会变得自卑，要么会处处和您作对。

在我家里面，我的孩子是我的老师，我的太太也是我的老师。您想，如果一个成年人懂得向一个孩子学习，您将非常厉害，对吧？有的家长看了我的书，听了我的课，感到忐忑了、内疚了，想了想自己教育孩子的方法，发现自己完全做错了！这时，家长可能会有很强的挫败感。这时，一个谦虚的家长就更有勇气承认自己的错误，不会把这种挫败感更加严重地转嫁到孩子身上。

谦虚的家长懂得将自己的注意力放在"我未来怎么做"上，我相信谦虚的家长会不断尝试新的方法，不会固守自己的旧习惯。我虽然好像一直在要求家长，但是，没有一个家长是完美的。只有家长懂得自己是不完美的，不断地谦虚学习，才能承认自己的孩子也不会是完美的。您的孩子是独一无二的，您要做的是陪

他成为他自己。谦虚地承认自己不完美，承认孩子的不完美，这并不影响您和您孩子的价值。

我认为，让孩子发展出自己，作为家长，除了谦虚，最重要的是包容。什么是包容？有格局的人不会太计较，没格局的人才会天天计较。海纳百川，为什么海能纳百川？就是因为海能包容，为什么我们就"纳"不了百川，就能接一盆水？因为盆就那么点容量，就那么点格局，它就那么大的口径，就那么深的深度，对不对？为什么海的容量大，因为海够深够宽，所以，我们好多人看见大海以后，心情都感觉好了很多。

说了这么多，我想说明什么呢？我想说的是，咱们作为家长不要包袱太重，并不是拥有的越多就越好，孩子也不是越完美就越好。

我给大家讲一个故事。有两个人生活在农村，从小生活就特别贫困。后来，他们知道了个致富的方法。他们这个地方和另外一个地方中间隔了一道河，这个方法就是到河的对面去，因为那里有金矿。如果你去对面挖金矿，那么你的日子就会变得富裕。于是，这两个强壮的男人就决定去对面，但是自己又没有渡船的工具。于是，他们学会了游泳，就游到河对面去挖金矿了。

后来，通过两年多的时间，他们挖了很多金子。他们想，要是背着金子回到家自己就成了富有的人。这么多的金子，绝对能让我们的妻儿老小都过上好日子。于是，两个人就背着这么多的金子来到了河边，想回对岸的家里过日子去。

在河边，A 说："我背了这么多的金子，一定会沉到河底，因为我游到中间就没劲了，最后金子也没了，我的命也没了。要不我还是扔掉一些，这样的话，我才能回去。"B 说："我们辛辛苦苦两年多的时间，怎么能把金子扔掉，你是不是傻？"

于是，B 就把 A 扔掉的金子也拿上了，他不仅没有扔掉金子，反而又增加了一些。您认为，最终谁能过上好日子？大家一定知道，不是拥有金子越多越能拥有好日子，而是能放下金子的人能拥有好日子。B 还没回到家，就死在河里了。金子也没了，人也没了。

讲这个故事就是让大家明白，有很多时候不是因为你拥有的越多你就越幸福，而是因为你计较得越少，你会越快乐。是不是？所以说，用心、谦虚、包容，能够让我们走近孩子，与他们发生更好的联结。总是有很多父母对孩子的世界一无所知，最好的物质生活也没法帮助他们和孩子亲密起来。所以，是时候提升自己的格局了，一定要想清楚到底怎么做才能让我们拥有更好的亲子关系。

峰哥语录

- 钱不能让你幸福，是你的和善、坚定、包容让你幸福。
- 有格局的人能包容，没格局的人天天计较。
- 父母的痛苦源于自己的不包容，要学会包容孩子，包容身边的人。

第五章

会学习、爱学习、能学习，培养孩子不用督促的学习力

不做交换：
"一切为学习让步"不可取

很多家长都表现出这样一种倾向，什么都可以为学习让步。这种做法看起来还有一点合理是不是？但是，您再想想，这不就是一种典型的有条件的爱吗？我们想想，有条件的爱，就是通过孩子外在的条件来评判他们是否可以得到爱，您让一切为学习让步的做法，本身就是在对孩子说，你只有学习好了，才配得到爱。今天，我们就来好好说说这个问题。

只知道学习，非常危险

学习当然很重要，但是如果您给孩子一种这样的感觉，即只要学习好就行，其他什么都不用他管，也是很危险的。我曾经看过一篇文章，叫《夭折的天才》。文章讲了这么一个故事：某年，中国科技大学破格录取了某省重点高中的一名学生，这个学生非常聪明、成绩特别突出，于是，他成为科大少年班的一员。按说凭这位同学的智力和成绩继续深造下去，应该是很有前途的，但入学不到两个月，他就流着眼泪回到了父母身边，为什么？原因很简单，就是他的生活不能自理。他的成长记录由各种出色的成绩组成，他连年被评为三好学生、优秀干部，唯独没有对家庭劳动的评价。他是父母的独生子，父母对他唯一的期望就是学习成绩好，将来能有一份舒适的工作。他每次拿回满分成绩单，父母便非常高兴。于是，他也认为学生只要学习好就行了，其他方面会不会都没有关系。

就这样，他一直过着衣来伸手、饭来张口的生活，不爱劳动、非常懒惰。一直长到十几岁的时候，他连自己的手绢、袜子、内裤都没有洗过，更别提什么扫地、刷碗、收拾房间。上了大学之后，他离开了父母独自一个人生活，这个时候他才尝到了生活不能自理的苦头，衣服脏了他不会洗，扣子掉了他也不会弄，甚至连自己的床铺都懒得收拾，他对自己脏乱的生活几乎不能忍受。同时，他也成了同学们嘲笑的对象，在父母身边无忧无虑地生活的感觉再也找不到了，他感到孤独无助，心情变得越来越糟糕，越来越脆弱，最后几乎失去了对生活和学习的信心。

尽管如此，他依然不愿意去学习这些生活技能，虽然这些事情并不难学，看起来也非常简单。可以想象一下，没有哪位同学愿意坐在一位满身臭气、肮脏不堪的同学旁边，就连他自己也无法忍受。于是，不到两个月的时间，他就待不下去了，结束了自己的学业，回到了家中。因此，我们说学习能力固然重要，但是生活能力更是重中之重。

所以，学习并不是孩子生活的全部。您也要告诉孩子，除了

学习，他还有一些每天应该做的事情。早晨醒来，自己的卧室要收拾；每天放学回到家，也要帮着家里做一点事情。

学习之外，还有很多事情需要您和孩子一起完成

我曾经和《中国教育报》主编杨咏梅老师探讨过，从小就做家务的孩子，长大以后真的差不到哪里；而从小在蜜罐里面长大的，父母什么事都没让他干过的孩子，即使非常聪明，也没体现出来有多么大的作为。

的确如此，家长们太容易陷入"一切为学习让步"的陷阱了，认为只要孩子学习好了，就一切都好了。但是，如果您只关注学习成绩，只用这一个标准来衡量孩子，孩子的心理就慢慢处于封闭状态。由于您评判他的标准只有这一个，孩子学习又不好，他就会越来越封闭，他的心理承受能力会越来越差。他可能会开始憎恨、觉得不被家长喜爱、对自己有罪恶感并且没有安全感。我现在经常看到爸爸妈妈由于太关注成绩了，第一次考试没考好，孩子还没感觉到什么；第二次没考好，孩子也还没感觉到什么；结果，多次考试都没考好，孩子就认为自己不行，对不对？孩子总是认为自己不行，真的就出大问题了。所以，只关注学习成绩导致孩子脆弱的心理封闭，怎么办？很简单，家长把成绩放一放，不要纠结，不要太关注成绩了，也许孩子的成绩反而上来了。至少不要让孩子因为太关注考试成绩而在考前过于紧张，发挥不出自己真实的水平。

　　而有的家长呢，为了让孩子好好学习，过度地给孩子花钱。我为什么要特别强调这个，关于给孩子花钱这个问题，我曾处理过几个非常极端的案例，所以，父母千万不要走入误区。有个家长和我说，他家孩子上初中了，成绩变得很糟糕，之前上小学的时候成绩都还不错的。他们家的条件也还是很不错的，爸爸给孩子在家里面雇着做饭的保姆，然后还给买了100多万的车，并且配了司机专门接送孩子。这个孩子就要求他家的司机必须把他送到门口，并且是在人最多的时候送到。因为他知道，虽然自己成绩不好，但家里有钱，可以让他的同学觉得他挺厉害，能坐价值100多万元的车来上学。所以，今天我们物质条件再好，也必须知道用一种平常心来教育孩子。

　　我认为，在学习这件事上，不止有方法和技巧，观念和底层逻辑也很重要。如果家长觉得一切都可以为学习让步，就颠覆了学习的本质。孩子会不懂为什么学习，从而失去动力，不知所措。

峰哥语录

- 孩子学习的动力源于父母的认可和父母的呵护。
- 想让孩子学习好，不要和孩子谈学习，要关心孩子内心和成长的需求。

不要插手：
做孩子学习的"顾问"，而不是替他学

如何让孩子更自主地学习呢？这是很多家长困惑的问题。在教育孩子学习这件事上，咱们家长的确非常容易陷入误区。我认为，把握学习的内涵，培养孩子树立正确的学习观，是至关重要的。作为父母，要成为孩子学习的"顾问"，而不是拿着小鞭子抽着孩子学习。

您要明白，学习是一个慢过程，理解学习的具体特征，明确学习的性质，最后认识学习的基本规律，这是家长可以帮助孩子做到的事情。陪伴孩子学习，并不是代替孩子学习。关于学习这件事，容不得家长和孩子过于功利，学习中没有白费的功夫，您与孩子今天做的每一分努力，都会在孩子未来的人生中发挥作用。

帮孩子到达"最近发展区"

的确，不是每个孩子都在学习方面有那么高的天赋。那么，我们家长要怎么引导孩子呢？心理学家维果茨基认为，人的发展和学习应该发生在"最近发展区"。什么是最近发展区呢？"最近发展区"是一个孩子在目前自己无法独立做到，但是在他人的帮助或者指导下，能够做得到的发展范围。换句话说，就是您家孩子踮踮脚能够到的地方。

怎样判断我们的引导和要求是否适合孩子呢？维果茨基说，要找到"最近发展区"。父母和老师要能够了解孩子的现有发展水平，并对孩子可能的发展水平进行比较准确的预测。我们的引导和教学就在这个最近发展区进行，逐步给孩子增加挑战，并给予合适的引导，帮助孩子从最近发展区的下限，慢慢提高到最近发展区的上限。这个过程不是一步到位、立竿见影的，所以父母要有耐心。希望您在帮助孩子找到他的"最近发展区"的过程中，不急躁，并且不要焦虑。

在这里，我要提醒家长一点。千万不要因为孩子成绩提升了，就奖励给孩子一部手机，千万不要这样做。前两天，我儿子想学英语，因为他这段时间也没上学，他看到人家都学英语，自己也想学。后来，我们就跟一个英语老师沟通，这位英语老师来了就问我们，孩子喜欢玩什么游戏？我说，我们家孩子不玩游戏，没玩过。您可能会问，我家孩子不玩手机吗？很少，非常少。我家孩子平时干得最多的是骑马、打篮球，他玩手机就是会看一会儿骑马和打篮球的视频，十来分钟也就放下了。这个老师非常惊讶，他说他教了那么多的学生，五六岁的孩子玩游戏一个比一个厉害。

我为什么要提这一点？我们要帮孩子找到他的"最近发展区"，前提是孩子要专注。我家孩子真的干什么都很专注，为什么？不玩手机就是其中一个原因。玩手机、看电视是破坏孩子专注力的最大杀手。尤其是现在的短视频，都是为了吸引成年人的注意力，让您看完，专门设计过的。孩子看这种东西，越看心越急，越看越浮躁，越看越喜欢热闹，沉不下心来。学习知识需要耐心，需要一步一步来。但现在的孩子恰恰不是这样的，现在的孩子才上小学，就特别喜欢省掉步骤答题，不能不说和他们生活在移动互联网时代有一定关系。

我直播间里的家长也是，总是希望我马上告诉他们怎么做，怎么按照一二三四五的步骤，孩子就"听话"了，就不和别人打架了，就乖乖上学了，成绩就提高了。我总和家长说，"怎么做"固然很重要，我是会告诉您一些"万能公式"，但是，耐心去研究孩子行为背后的"为什么"更加重要。

学习是一个慢过程

我一直强调，孩子的教育问题是一个慢过程，一定是一个慢过程。我们作为父母，得明白一个道理。有第一名就有第十名，有第一名就有倒数第一名；有考名校的，就有进普通学校的；有能写完作业的孩子，就一定有写不完作业的孩子。所以，不要总是纠结，告诉孩子踏踏实实成长，才是解决问题的根本。不要着急，这一定是一个缓慢的、循序渐进的过程。

很多家长觉得，学校考的知识孩子应该学，学校不考的，学了也没用。我前几天看了一篇文章，大概是讲梦想的。这篇文章讲一个小女孩从小就活泼好动。小时候，她喜欢看体操比赛，时常被体操运动员优美灵巧的身姿吸引，于是她便梦想自己有一天能登上体操比赛的舞台。5 岁那年，父亲把她送到了体操队。在体操队，她很努力，但因为自身体质的原因，教练并不看好她。就这样练了 5 年的体操，她却没有转成正式的队员，只好回到学校读书。

在学校里，她也没有知心朋友，每天都是一个人默默学习。幸好她遇到了一位和蔼的老师，关心她、鼓励她，让她感觉到了这个世界的温暖。于是她梦想将来能当一名老师，与学生为友。然而，她高考的成绩不好，只能进一所中专学习，梦想就这样破灭了。中专毕业以后，她被分配到了一家自来水厂，成为一名工人。她内心并不平静，萌生了第三个梦想，当一名作家。为此，她阅读了大量文学书籍，并且勤奋地练笔。

但是，由于受文学基础和生活环境所限，她一直找不到好的写作题材，依然没什么成就。后来，有一次工厂举办文艺晚会，她参加了大合唱。那是她第一次站在舞台上，因为个头不高，被安排站在最后一排的边角上。可就因为这一次演出，她就有了第四个梦想，成为一名演员。因为她发现站在高高的舞台上，感受观众的欢呼和掌声，那种感觉实在美妙。

那一年北京电影学院招生的时候，她的父亲正巧要去北京出差，她就跟着去了。2 000 多人报考，只招 15 个人，没有一点

儿表演功底的她三次被安排在替补考场，然而她的一段命题小品《唐山大地震》打动了所有考官。她用动人的表演表达了失去亲人的痛苦、无助和绝望，也把自己送进了表演艺术领域的大门。这个小女孩就是蒋雯丽。

虽然这是一篇讲梦想的文章，但我从中看出了关于学习的一条重要法则。那就是无论你用心学什么，都不是白费功夫。蒋雯丽最终通过表演实现了个人事业的成功，但是这一路上，她练体操时对形体的训练，她想当老师时对于表达的喜爱，她想当作家时大量的阅读，无一不对她的表演起到了有益的作用。

总之，在学习这件事上，没有白费的功夫。尤其是在孩子比较小的时候，各位家长完全没有必要太过功利，而是要充分地去发掘孩子的兴趣爱好，最终都会反哺给他们未来的人生。

 峰哥语录

- 求知欲是孩子学习的动机。
- 学习像穿衣服，不能摸黑。
- 孩子最好的学习伙伴是父母。

设定目标：
让孩子找到学习的方向和原动力

不可否认，有一部分孩子是天生热爱学习的。但是，大部分的孩子对学习，尤其是对在学校学习并不是那么买账。那么，怎样能让他们学习得轻松一点呢？

在学习的过程中，帮孩子设定目标是非常重要的，一个孩子没有学习目标的话，往往会陷入迷茫，会像一个跑道上没有路标，也不知道终点在哪儿的长跑者一样累。孩子有了学习目标，才能更自主地去学习。

设定目标的重要性

在我们带着孩子养成好的学习习惯的时候，"设定目标"是非常重要的。学习目标就是孩子在学习路上的路标，可以作为衡量孩子学习效果的一把尺子。做任何事情都要有目标，这个目标不一定是外界给的，我们可以不去看其他孩子在学什么、做什么，但适合孩子自己的目标将成为指导孩子一步步向前走

的灯塔。

那么，如何设定学习目标呢？首先，要定一个高一点的目标。就像我们老祖宗说的，求乎上，得乎中。什么意思呢？就是如果您想让孩子打下天鹅来，就要把目标定到月亮上。也就是说，要比您觉得孩子能达到的程度，定得高一点。目标是一把尺子，用来评估孩子的学习情况，从而不断地改进学习方法和计划。

当然，目标不是一成不变的，我们也要根据孩子的情况，随时做好更改目标的准备。太高的目标，容易让孩子产生畏难情绪；太低的目标又容易让孩子丧失进取心。比如，您从小就和孩子说，你考个本科就行，那么，您家孩子最好的归宿就是一个本科。他心想，既然什么本科都一样，我费那个劲干什么。您要从小就和孩子说，你有学上就行，那孩子真就能只保证有学上。这样的例子，我每天都在接触。很多家长都接不住自己的孩子，孩子也就没法充分发挥自己的潜能，等孩子自己想明白的时候，为时已晚。

学界有一种理论就叫"目标设定理论"，由心理学家埃德温·A.洛克教授提出，这个理论科学地证明了目标设定是可以帮助成绩达成的。根据这个理论的说法，设定目标至少有 4 个方面的主要效果，即：提高注意力；增强干劲；增加耐心，能更长时间地投入学习；更好地运用自己的技能和知识，获取相关联的新发现。有的家长说，我家孩子很喜欢学习，成绩我也很满意，是不是也要进行目标设定呢？我认为，所有孩子都需要进行目标的设定。为什么这么说？哪怕一个人再喜欢干一件事情，再沉迷一件事情，也需要有一些标志物让他清楚，自己走到哪里了。那么，如何设定目标呢?

如何设定目标

这里我要请大家注意，设定目标和夸奖孩子一样，都要具体可感，不能泛泛而谈。例如，您说"这学期的作业要完成得又快又好"，这是不行的。什么是"又快又好"? 这不清晰，也没有具体的标准。您可以这样设定:"这学期回家后，最多休息半个小时就要开始写作业，作业的正确率达到80%。"这是不是就具体可感了呢? 其实，我们家长也是这样的。假设您是销售，您也希望听到像"下个月业绩增加5%"这样"具体"的目标。无论是增加幅度还是截止日期，都非常明确。

另外，一定要设定长期目标。也就是要将短期目标转向长期目标。一般来说，先帮助孩子完成短期目标是很重要的，只有完成了短期目标，孩子才能更加有信心去完成长期目标。专注在短期目标的阶段，孩子通过反复练习有目标地学习，从而对达成目标这件事有具体的想象。同时，在这个过程中，孩子还可以不断评估自己对目标的完成度。然后，孩子就会逐渐习惯设定短期目标，并在努力完成目标的过程中，对自我进行评估。这样，我们就可以开始与孩子一起设定更长期和更高的目标。

这时，孩子已经不会因为设定的目标太远和太宏大而却步。我们要帮助孩子，养成为了达成长期目标，规划好每天日程的习惯。这样的习惯一旦养成，对孩子来说，未来的学习都不是难事

了。他们会自己慢慢学会将一个必须完成的比较难的事情拆解成短期的小目标，进行日、周、月甚至年的规划，然后一步一个脚印地去完成。

最后，我们要让孩子知道，目标不是目的，目标是手段，我们为此付出努力的过程才是最珍贵的。为实现目标所付出努力的整个过程，与目标的实现本身相比，更有意义。在这个过程中，孩子会不断地进行反思和改进，看看自己距离实现目标还有多远，小目标是不是很好地完成了。如果没有完成，那么，需要改进的地方是什么？这种习惯的培养是一个长期的过程，很多成年人都还在学习如何规划自己的日程。一个项目交到自己手里，怎么一步一步做，这是一种重要的能力，不仅有益于学习，也有益于孩子将来在各个阶段的发展。

所以，我认为，想让孩子更自主地学习，就要让孩子学习得更轻松。设定目标，就是在为孩子设立一个个补给站。这样，孩子在学习的过程中，每完成一个小目标就像得到了一个小激励。

- 世界上最可贵的两个词，一个叫"目标"，一个叫"坚持"。
- 刻苦地盯着自己的目标去奋斗、去拼搏。
- 目标感越强，做事的效率就越高。靠意志力会越做越累，而把意志力转化成习惯，就越做越轻松。

学在平时：
家长"期末算总账"为什么不可取？

什么是期末算总账？就是平时我们很多家长忙于工作，没有精力管孩子或者压根忘了去管孩子。平时不管或者不知道怎么管，一到期末考试考不好了，家长就"收拾"孩子一顿。这样的家长比例还不小，尤其是当父亲的，非常明显。平时工作忙，甚至在外地工作，没有时间管孩子，甚至连个电话都不给孩子打，一到了期末考试，看孩子没考好就回来"收拾"。

平时不重视孩子，您没资格最后"算总账"

现在的孩子生活在重重压力当中：第一，来自学习的压力；第二，来自同辈的压力；第三，来自父母的压力。期末算总账型的家长，千万不要再这样干了。如果您平时不能给孩子帮助，您就根本没有资格在孩子成绩没考好的时候去"收拾"他。因为您根本不懂他在学习过程当中发生了什么。

您作为孩子最强大的后盾，当孩子没考好时，要跟孩子分析

为什么这次没考好，是考试紧张了，还是前段时间学习当中遇到什么困难了，还是跟哪个老师沟通不顺畅了，还是因为最近学习难度大了？把学习当中的各种问题梳理一遍，让孩子知道问题在哪儿。没有孩子不想学习成绩好，父母靠打骂是不能解决问题的。孩子没有发展好，就像在一个陌生的城市迷路了，您不能吼着孩子说，你咋还能迷路呢？这样是解决不了问题的。您应该和孩子共同拿来导航，把现在迷路的状态纠正过来，找到新的路子，找到新的方向，这才是我们解决问题的办法。

我们做父母的回想一下自己在成长过程当中有没有迷路的时候。不要说长到三四十岁，就是七八十岁也有迷路的时候啊。何况一个孩子呢？任何一个成年人，都曾经是个孩子。当您是个小孩子的时候，您受了别人的冤枉，心里头会很难受吧？为什么我们长大了就忘记曾经的难受了呢？我们不应该忘记，不要把我们受过的伤害再一次复制在孩子身上。您也知道，有些曾经受过的伤害，今天还是您人生发展的绊脚石。那么，为什么我们还在教育孩子的过程中继续干这个事儿呢？

作为父母的我们，也不一定是什么名牌大学毕业的，我们也不是不犯错的圣人。您要是犯了错，也不希望别人指着鼻子骂您，孩子同样也是这样的。有些家长平时对孩子的学习不闻不问，到了期末再算总账这种行为，是不是非常不可取？有些家长还逼着孩子写下学期的计划，计划写得天花乱坠。可开学后家长又不管了，看电视、玩手机、出去"应酬"，等到孩子期末考试的成绩不好了，又开始"收拾"孩子，这就形成恶性循环。

据我观察，平时让孩子做了计划，不去督促、不去考核、不去引导，只看期末考的结果，这种家长还非常多。您想，在一个单位，领导还要时常看看项目的进度怎么样呢，而父母对孩子用圣人一样的标准去对待，一个学期四个半月不闻不问，到了期末考试才觉得该管了，这合适吗？

之前有个内蒙古的老师联系我，希望我能去线下给他们全班同学做个辅导。这个老师是班主任，天天在听我的课，说他已经听到十级"粉丝"团了。自从听完课，他管理班级的方式也变化了。可见，把功夫花在平时是多么重要。

平时与孩子多沟通，有问题及时解决

我有个老乡，他们夫妻两个全都是老师。他自己就是名师选调，选调在鄂尔多斯了。有一次我们老乡聚会，他说："哎呀，今天我要跟你探讨个问题，我看家长给你反馈特别不错，我问问你，我们家这个小子呀，其他的课程学得都挺好，就是这个数学，跟老师闹不对。"我说："咋了？"他说："哎呀，原来数学成绩挺好的，自从初二换了个老师，那成绩就往下降，我问他怎么就是跟老师闹不对？他就说老师对他不好。"我这位老乡就做得很好，平时就关注孩子，及时问孩子哪里出了问题。

然后，我就说了种方法，让他试一下。因为我去过他们家，知道他们家的那个格局，他们家厨房和孩子的书房挨着。每天中午他们夫妻两个就回家自己做饭。儿子就在书房里面学习。我说，

你俩回头找个机会，在厨房做饭的时候悄悄地讨论数学老师，不要让你家孩子听得太清楚，偶尔能听见你俩的讨论就行。

大家猜猜，孩子听见有什么反应呢？我说，孩子一定是出来问，是不是数学老师又说我坏话了，情绪会比较激动。爸爸妈妈就说，没事儿没事儿，人家没说你坏话。等孩子回书房，爸爸妈妈继续讨论，这次呢，声音要适当高一点儿说，儿子数学老师给我打电话了，说儿子的数学学习潜力真好，是我教过的学生里面潜力最好的，你们可要把孩子培养好了，要让孩子听得比较清楚。如果孩子出来问，数学老师真这么说？夫妻俩接着说，没事儿没事儿，你回去做你的事儿。然后，爸爸妈妈继续说，孩子可是遇到好老师了，尤其这个数学老师曾经获过什么奖，或者好像上一届的状元就是这个数学老师带出来的之类的。

我那个朋友说，他这样做了之后，孩子就喜欢上了数学课，对数学就有了兴趣。到了第二年中考，在当地数学考卷比较难的情况下，孩子还是考了接近满分的成绩。

所以，我再次提醒大家，不要在期末算总账，而是平时要多和孩子沟通，看问题出在哪里了，有时候就是出在孩子对老师的误解上。很多孩子都是因为喜欢老师而喜欢这门课，而塑造老师的良好形象，也需要爸妈去做。孩子本身的认知不一定是全面的，只有我们父母通过正确的认知，才能把孩子引导好。关于父母如何塑造老师的良好形象，我给出的这是一种方法，大家可以根据自己的情况灵活地用起来。

总之，家长应该把力气用在平时，平时对孩子不闻不问，只关注最终的考试结果，是不行的。平时孩子的学习过程是非常重要的，在平时多关心孩子，不仅能帮助孩子提高学习成绩，还能帮助孩子在各方面更好地成长。

峰哥语录

- 只有把平时的练习当考试，才能把考试当练习。
- 父母应该强调的是，从过程中学习，从经验中学习，而不是整天去强调结果排名、强调您的孩子是不是足够聪明。

学习重点：
重视课堂效果及与同学一起学习

很多家长问我，在学习这件事情上，什么是最重要的？在我看来，一个孩子学习怎么样，是不是有兴趣，最重要的是课堂效率要高。所以，我们一定要和孩子沟通清楚这件事。同时，与同学一起学习也非常重要。研究证明，与同学一起学习可以显著提高孩子的学习效率。

课堂的重要性

一般来说，如果孩子在课堂当中没把知识学会，在课下就无法学会，学会也是暂时的。所以，我非常强调课堂效率的重要性。

课堂学习是有连贯性的、系统的，而课下学习是片段的、不连贯的，经常是这儿抓一下，那儿抓一下的。学校老师安排课程是遵循一定教学规律的，按照教材一个环节扣着一个环节的。孩子在课堂当中如果没学会，在课下学习，起到的应是查漏补缺的作用。所以，作为一个学生来说，如果没有抓住课堂，这个学习效果就不会太好。想要抓住课堂效率，就一定要保证孩子充足的睡眠，这也是我为什么说孩子的睡眠与效率是相辅相成的。

我一直非常强调"天天清"，"天天清"就是每天的学习任务每天要完成。您家孩子如果能做到"天天清"，周末、假期复习都不费劲。而这一点，如果孩子在课堂当中效率高，做起来就非常简单；如果课堂效率低，做起来就有一定难度。这个时候，爸爸妈妈要调整好状态，"天天清"的内容是孩子应该学会的，一定要及时把它弄明白。如果孩子现在考 30 分，一定是只把课堂中的一部分弄明白了。如果孩子现在考90分，他就有可能做到"天天清"了，就是所有的内容都弄明白了。

同学一起学习的重要性

在学校，孩子还可以与同学一起学习，这是孩子学习效率最高的时候。在《斯坦福学习法》中，作者驳斥了一个我们过去公认的常识，即"应该一个人安静地学习"。作者认为，一个人安静地学习导致我们"一半"的大脑处于休眠状态。作者指出："在安静的场所集中注意力学习，一直是一种公认的正确学习态度。而与朋友们一边闲聊一边学习，则被认为学习的效果一定会大打折扣。但需要注意的是，一味固守'一个人安静地学习'的模式，也许会白白失去那些更有效的学习机会。之所以这么说，是因为最新的脑科学表明，'协同合作'对取得良好学习效果也是至关重要的。"

因为，在我们的大脑中，用于控制人的社会性的那部分，被称为"社会脑"。近年来，关于这方面的研究都认为，当与其他人发生合作时，社会脑就会开始活跃，控制思考和行动的大脑前额叶皮质也会变得更加发达。因此，"协同合作"能有效地促进孩子的学习效率，而一个人安静地学习会让社会脑处于休眠状态，对提升学习效率无益。

所以，家长要珍惜孩子与同龄人一起学习的机会。不与人沟通的学习容易陷入低效率的泥沼，情况严重的话，甚至会让孩子患上抑郁症。所以，我建议家长带孩子多参加一些线下的活动，和同龄人一起交流。当然，让孩子参与自己家的集体活动也非常好。毕竟，连自己家的集体活动都参与不了，孩子可能更没勇气参与学校的活动。

与人进行"协同合作"，无论是对孩子的身心健康而言，还是对孩子的学习效率而言，都是非常好的。当然，当孩子在学习中遇到挫折时，家长也要及时地给予鼓励和安慰。

在讨论学习心理学规律的著作《认知天性》中，作者指出："许多人相信，他们的智力水平是生来注定的，学业无成是因为先天不足。但实际情况是，每当你学到新东西时，大脑就会发生改变——经验会被一点一滴地存储起来。不可否认，每个人的天资不同，但我们也可以通过学习，通过开发心智模型，来获得分析问题、解决问题，以及创造新事物的能力。换言之，影响智力水平的因素在很大程度上是由你本人掌控的。"

这也是为什么要时常和大家讨论学习问题的原因，学习看似家庭教育的一个核心问题，其实不然。在校学习和学习成绩并不是我所关注的重点，因学习而塑造思维能力，以及终身学习的意愿才是我们在孩子的童年就关注他们的学习的真正原因。

综上，我认为，在学校的效率问题不解决好，没法去谈具体的学习。孩子大部分的学习任务是在学校完成的，因此，家长一定要重视在校的学习，有什么问题，及时和孩子沟通。如果在学校，孩子的学习热情一直不高，那么就无法进入学习—被激励—学习的正向反馈循环。

 峰哥语录

○ 好成绩是靠高课堂效率得来的，不要死读书。

○ 一个家长想让孩子出类拔萃，唯一的方法就是让孩子养成
　终身学习的习惯。

提升效率：
帮助孩子提升学习效率的三种好方法

在孩子学习的过程中，效率的重要性是不言而喻的，提高孩子在课堂的学习效率是第一步。那么，我们的最终目标是什么呢？是能够在整体上提高孩子学习的动力。做到了这一点，也就到达了提升学习效率的终点。

提高学习效率的法宝：运动

一个孩子的学习也是一样的，学习效率不提升，时间就那么多，任务量越来越多，孩子只能越来越退步或者原地踏步。那么，除了保证充足的睡眠，我们还可以通过什么办法提高孩子的学习效率呢？可能很多家长不相信，运动不仅能促进孩子的身体健康，还能提高孩子的学习效率。

从早到晚地逼孩子学习，觉得节省了时间，其实对孩子的身心健康是很不利的，一定要让孩子充分地运动。很多家长只关注成绩，不关注孩子的运动是不行的。像我家孩子，我会让他们在固定的时间去运动。人在运动的过程中，会产生大量的多巴胺，压力被抛至脑后，心情会越来越好。那么，孩子运动回来的学习效率也会变高。同时，运动不仅能让孩子心情变好，对他们的身体发育来说，也是非常好的。很多家长把孩子关在屋里，看起来孩子是坐在那儿学习了，其实什么都没学进去，完全没有效率。

凡事预则立

凡事预则立，不预则废。有了完整的计划，做事的效率就会提升。所以，会做计划是非常重要的。我和大家分享一个小故事。有个推销员，刚开始做推销的时候，一个月打出了 2 000 多个电话，每天疲于奔命，但很少有结果。这样，他就有点儿找不到方向，他渴望能找到一个使自己的工作井然有序的办法。后来，有个前辈告诉他，也许准备工作比投入工作更加重要。于是，他先把打过的电话都记在卡片上，每周能记四五十张。然后，根据卡片的内容来安排下次的工作，再安排出日程表，列出周一到周五的工作顺序，包括每天要做的事儿。这些准备工作要花去四五个小时，过程非常琐碎枯燥，往往大半天时间就这样过去了。年轻的推销员一开始还想放弃，但是坚持了一段时间以后，发现充分准备以后做起事来十分省劲儿，他不再急急忙忙地到处打电话了。在见客户之前，他也不着急，而是仔细考虑见客户时，应该说什么，应该做什么，要准备什么样的建议。所以，和客户见面的时候，他精神饱满、胸有成竹，事情进展得格外顺利。后来，

推销员越来越有自信。如果说推销工作是一场战役，那么他已经做到了知己知彼。从这个故事中，我们明白，只有做好准备、做好计划，做事情才更有效率。

提高学习效率的底层逻辑：找到目标

在我接触过的家长中，有至少50%的家长面临着孩子学习效率不高的问题。关于这个问题，我讲过很多方法，今天讲一个不是方法的方法。近来，我越来越觉得，很多问题都是没有解决思想问题导致的，一旦思想上的问题解决了，什么方法都事半功倍。为什么这么说？我曾看过一个咱们乒乓球世界冠军邓亚萍老师的采访。她说，在比赛场上，如果你的状态不好，就要放慢节奏；如果你的状态好，就要一鼓作气。放慢节奏是为了什么？为了分析局面、观察对手、找准策略，然后一举获胜，是不是？

我认为，学习也是一样的。当孩子这段时间学习状态不好的时候，一定要放慢节奏，而不是效率越不高越让孩子使劲学，这样的话，孩子就会慢慢失去信心。放慢节奏干什么呢？我希望您帮孩子找找努力的方向。孩子上了中学以后，学习的难度增大，仅仅依靠家长的鼓励、老师的引导，往往不能给孩子足够的动力了。孩子需要有一个能给自己动力的目标，这个目标仅仅是考好大学可能是不够的。我们不妨问问孩子，他的梦想是什么，他未来想做什么。

很多家长说，孩子也说不清自己想干吗？我有一种"笨办法"，就是排除法。您可以这样和孩子开始讨论。比如，大学毕业以后，开个小小的早餐店，每天早晨去卖包子，孩子愿意吗？据我的经验，大部分孩子不愿意，但也有的孩子是愿意的。咱们分两方面说，如果不愿意，为什么不愿意，是觉得赚钱少，没意思，还是太累？如果愿意，可以问问为什么愿意？是喜欢经营店铺，还是喜欢研究厨艺？一步一步往下挖。

类似的职业，您还可以问问理发师、售货员、教师、互联网从业者、科研工作者，等等，在这种不断排除和探究中，一般的孩子都可以找到一个比较明确的方向。有的孩子想进互联网公司，有的孩子想做科研，有的孩子就从事艺术工作。这个目标是不是就不能调整了？当然不是的。未来，孩子进入大学、走入社会，接触的世界更广阔了，目标可能会有所调整。但是，现在一定要有一个为什么要读大学、要读一个什么样的大学的目标。

对一个人来说，无论是在提高学习和工作效率方面，还是在坚持不懈、绝不气馁方面，"目标感"都是非常有用的。就拿我自己来说，我从 2008 年开始就在这个行业当中努力，也有头破血流的时候。但是，我一直告诉自己不放弃。别人可以比我聪明，但是我可以比他努力；别人可以比我起点高，但是我可以坚持。别人可以一天工作 8 个小时，但是我可以工作 15 个小时。效率不高的时候，我告诉自己，要调整好心态，继续前行。别人 10 年都成功了，我可能要坚持 20 年。但是，只要我朝着自己的方向不放弃，一定有可能，是不是？世界上没有比脚更长的路，一个人只要愿意朝着目标往前走，就一定能到达。

　　为什么效率不高，孩子就烦躁，就坚持不下去？因为孩子都不知道自己为什么而努力。所以，选准一个目标，带着这个目标再去努力，完全不一样。很多孩子没有找到方向就开始努力了，结果越努力距离目标越远。帮孩子树立梦想，树立清晰的目标，是家长的责任。每年都有家长和我说，孩子到了高三文科转理科或者理科转文科，就是因为没有在比较早的时候想明白自己的目标。我们可想而知，当孩子没有目标的时候，他就是处于一个盲目学习的状态。没有目标，就没有学习的动力，没有学习的动力自然学习效率就不会高。

　　总体而言，运动能够促进孩子身体发育，能够产生多巴胺，还能促进孩子大脑的发育。从生理的层面，要想提高孩子的学习效率，就一定要让孩子运动。另外，"目标感"对学习动力的产生非常重要。没有目标，孩子学习的动力就不会持久，因此，帮助孩子找到目标，是持久支持孩子学习效率的办法。

峰哥语录

- 珍惜时间，一个人的优秀取决于高效率利用时间。
- 一个爱运动，坚持早睡早起，坚持学习的孩子，终生都有竞争力。
- 教育的目的是培养终身学习者、思考问题者、解决学习问题者、终身运动者。

学会复习：
那些学霸都非常重视的学习环节

去年，有位家长和我说，她家孩子是一名四年级的学生。从四年级开始，好像所有课程都变难了，孩子语文、数学、英语的分数都下滑得非常厉害。家长对此感到很困惑，说女儿学习很用功，经常坐在自己书桌前好几个小时，过去三年，成绩也都在班上名列前茅。我就问她，孩子每天完成作业之后复习吗？家长说，都是考试前才复习的。孩子考试前，捧着课本一遍又一遍地从头看到尾。

这位小朋友的方法，在知识难度不大的时候，可能是有效的。但是，四年级以后，随着知识难度加大，跟不上可以说是迟早的事。我告诉这位家长，要教会孩子复习、总结知识点。

可以说，我认识的小学霸们都懂得复习的重要性。

复习的重要性

每天要复习，每周要总结，每月也要总结。这样，到了期

末考试前，就可以有的放矢地进行总复习。每次复习的时候，都应尽量形成自己的知识树，至少要把看起来庞杂的知识分成几个部分，然后一部分、一部分地去学习，觉得困难的、掌握得不太好的可以单独抄出来，以便随时拿出来复习。果然，家长按照这个方式去指导女儿学习，没过多久，孩子各科成绩都有了很大进步，学习起来也更有动力了。

实际上，前面提到的这位小朋友的问题很普遍。面对孩子越来越重的课业负担，很多家长会非常着急，恨不得在学期开学前，就帮孩子学完开学后要学的知识。这种心情我非常理解，但是，我经常问家长们一个问题，之前学的知识，孩子都弄明白了吗？如果孩子是五年级，五年级之前的知识是不是全弄明白了？如果孩子是初中二年级，那初中二年级之前的知识是不是全弄明白了？

您可以拿出试卷来让孩子做，看看之前学的知识是不是都弄明白了？都弄明白了，再开始对下学期的知识进行预习。

复习是学习当中最重要的一个环节，这是学习的基本功。我们看到，很多取得卓越成就的人，都是在某件事情上重复了很多次。我们都知道德国心理学家艾宾浩斯提出的遗忘曲线理论，即遗忘是在学习之后立即开始的，而且遗忘的进程并不是均匀的。最初遗忘速度很快，以后逐渐缓慢。"不断忘记"是我们大脑记忆的自然规律，只有重复再重复，孩子才能将知识内化，形成自己的知识体系。

什么叫形成了自己的知识体系？我们可以将"知识体系"理

解为英文中的 knowledge tree（知识树）的概念，也就是涵盖了不同门类的知识，并且这些知识之间已经形成了有机的联系，就好像一棵树，有主干、有枝条、有树叶、有果实。将各种知识串联起来，也是复习的核心任务。如果复习不及时或者不会复习，孩子就难以形成自己的知识体系，所有的知识点无序地散落在脑海里，时间久了，就忘光了。

课后复习的间隔时间不能太长

复习的间隔时间一定不要太长，也就是说，孩子今天所学的知识不要等一年以后再去复习，因为根据我们的记忆规律，一年以后基本全忘了。我们可以培养孩子一个习惯，就是每天晚上睡觉前，花点时间回忆一下今天学过的知识。因此，在每天要做一个小复习，每周周末要做一个中复习。

我每年会和很多高才生进行互动，发现他们很多人都有一个类似的方法，就是每个学科都有两个非常重要的本子，一个叫好题本，一个叫错题本。好题本中，记录的是他们在第一遍学习的时候就已经弄透彻的知识点，对这些知识点，复习的时间就可以拉长一点，可能到考试的时候再去做；错题本中，记录的是他们每次复习会出现问题的知识点，这些知识点，他们会进行更加密集的重复，实际上，这个本子就是专门用来做复习的。

错题本有多重要呢？很多家长都说，这孩子怎么就这么不长记性呢？前一阵子刚刚做错的题，已经反反复复讲明白了，今天

拿出题来让他做，结果又做错了。在学习过程中，出现错误很正常，但怕的就是一犯再犯，那样刷多少题都没有用。而且，有一个神奇的现象是，孩子这些反复出错的题，往往会出现在重大考试中，这就是一件令人发愁的事情了。

另外，在做错题摘录时，要记录错的原因和重点。比如，有些孩子在背古诗词的时候，"明月"和"月明"容易记混；有些孩子在背古文段落的时候，容易丢之、乎、者、也这样的虚词。因此，在记录做错的题时，要将这些错题的原因也写在错题本上，这一点十分关键。甚至我们可以根据错题的类型，在错题边上补充记录一些知识点。例如，背诵古文容易丢虚词的话，可以将重点虚词的用法写在错题边上。这样，复习时不仅知道错在哪里，而且可以拓展相关的知识。

总的来说，在课后，如果孩子不懂得复习就像把水泼到筛子里一样。不少孩子往往急于完成书面作业，或者着急看新的知识，总是忽视了课后复习。复习是学习过程中非常重要的一环，家长一定要尽早带着孩子养成这个习惯。

 峰哥语录

- 穿衣服要开着灯穿，不能摸黑穿，学习要把握重点、难点。
- 把易错点弄明白，再去写作业和复习，这样才能更好地学习。
- 让孩子有规律地学习，才有更好的学习效果。

复习方法：
孩子一定要掌握的三个复习小技巧

在我的直播间，我曾反复强调复习的重要性。但是，很多家长依然不得要领。今天，我就与大家分享几个关于复习的小技巧。

当天的内容当天必须复习

我经常说，可以培养孩子一个睡前回顾的习惯。如果孩子睡前精力不好的话，也可以另外拿出时间来进行复习。但当天的内容当天必须复习，这一点，非常重要。我经常提到，哪怕是给学霸进行学习时间的安排，也要安排 30% 的时间来复习旧的知识，70% 的时间来学新的知识。对于大多数的孩子，复习所占用的时间可能更长。实际上，学校的老师每天布置作业，目的也在于帮助孩子们回顾一天所学，进行有效复习。我的建议是，我们甚至可以让孩子先不要急着做作业，先把课堂知识像"过电影"一样，在脑子里复习一遍。

对于很多孩子来说，尤其是比较小的孩子，每天要上很多

课，学的知识很多，这就导致很多知识如果不去及时地巩固的话，印象就不深刻，很快就会遗忘。所以，我们必须帮助孩子通过重温老师当天课上的内容来巩固所学的知识。通过复习，搞明白那些不懂或一知半解的部分，才能记得更牢，掌握得更好，运用得更灵活。

一周之内要重复 2 ～ 3 次

我们上面说，每天晚上要进行知识的回顾。除此之外，家长还要督促孩子，在周末一定要养成总结的习惯。如果周末没有好好总结，到了下一周，新的知识扑面而来，而上一周的知识孩子还没有形成系统，内化为自己的知识，这既不利于新知识的学习，也会因为新知识的覆盖，更加容易遗忘旧知识。因此，我建议家长督促孩子，对每个知识点，一周之内要重复 2 ～ 3 次。

实际上，如果孩子按照我的方法做，每天进行一次回顾，每周进行一次总结，再加上完成老师布置的作业，就能达到每个知识点一周复习 2 ～ 3 次的效果了。这样学习，孩子也能够把知识点彻底弄明白。通过总结，形成自己的知识体系，再学习新知识，也能做到心中有底。

关于每周总结，我称之为"周清"，也就是把一个星期的内容全部收进来；同样地，到了月底，也要做到"月清"，也就是把一个月的内容全部收进来。这样重复做，到了学期复习的时候，孩子就非常轻松了。

另外，考试是复习的好工具。现在，一些学校还保留着"周测""月考"的考核方式，也是把考试作为学习的一个工具，帮助学生有效地进行复习，对知识进行总结归纳，对遗忘的部分查漏补缺。关于学习科学的最新研究已经表明，孩子在参加考试的时候，对过去所学知识的记忆，一定会通过某种形式被重新唤醒。

美国普渡大学曾做了一项研究，将以"记忆唤醒"为基础的复习方法与其他传统的复习方法进行对比，评估两种方法的效果。

实验是这样进行的：首先，将学生分为三组，让他们用不同的方法学习同样的教材。第一组学生用的就是我们常见的反复阅读教材的方法；第二组学生用的是在阅读教材之后，用知识树等方法做笔记归纳总结；第三组学生用的是对阅读过的教材进行考试，从而达到"记忆唤醒"的目的。一周后，再让三组学生共同参加与教材相关的考试。结果表明，第三组用考试方法复习的学生不仅在记忆性的知识上取得了好成绩，在考核思考力的应用问题上也取得了最好的成绩。

彻底理解再复习

有的孩子复习效率很低，家长非常着急。我发现这些孩子大部分都是因为学过的知识点他还没弄明白，即使之前考试合格了，也是靠死记硬背的，那么，在这种情况下，就非常容易遗

忘。我认为，任何学科的知识都不能死记硬背，包括背单词、背古诗。很多孩子觉得背古诗特别难，十之八九是孩子没有理解古诗讲的意思，没有明白诗人想表达什么。我和一些语文学得轻松的孩子互动，他们很多人都提到，古诗在他们的脑海里，是一个情境、一个画面、一种情感的抒发。这样去背古诗，就非常轻松了。

我曾经看过一个语文老师想出的一个让学生主动复习的方法，就是在期末考试时，让学生自己出题自己答。然后，为孩子出的题打分，看谁出得全面。这把学生的积极性一下子调动起来了。为了出好题，孩子们把整本书看了好几遍，因为不理解透知识是没法出题的。我认为，我们家长也可以采取这种方法，让孩子出题考家长，或者和孩子互相出题。这样，孩子就会找他认为最难的出，这时他就需要自己彻底理解知识，也就达到了彻底理解再复习的目的。

另外，关于"记忆唤醒"的实验也说明，如果孩子仅仅把考试作为评估自己学习成绩的手段，就太浪费了。我们应该帮助孩子在准备考试的过程中，回忆所学知识，达到比单纯地反复阅读更好的效果。

在这里，我要特别提醒家长，如果您的孩子经常靠"临时抱佛脚"考取高分，也一定要督促他扭转这种不健康的学习习惯，回到有节奏复习的轨道上来。

我知道，对有的孩子来说，考试前熬上一个礼拜，就能考取高分；甚至，很多家长也认为这代表孩子聪明。但是，已经有很多学者指出，"临时抱佛脚"的学生，最终很难取得好成绩。例如，华盛顿大学心理系教授、人类学习和记忆领域专家亨利·勒迪格三世就曾说，"（有的学生）下学期才刚一开学，上学期学过的东西就已经全都不记得了。他们简直就像是从未学过那门课程一样"。

我们很多孩子在初一、初二成绩都很好，但是，到了初三总复习时，成绩忽然就一落千丈。我与很多这样的学生交流过，大多是因为前面几个学期都是靠"临时抱佛脚"过来的。

总之，随着知识的逐年加深，如果不及时加以复习，哪些知识懂了，哪些知识还不懂，哪些知识记住了，哪些知识还没有记住，都是模模糊糊的。所以，家长要尽早培养孩子复习的好习惯，这样，孩子在未来才能更好地自主学习。

峰哥语录

- 学习不复习，等于白学习。
- 学习的目的是让孩子拥有幸福的人生。

第六章

提升孩子的复原力，激发孩子不向困难屈服的勇气和干劲

给予鼓励：
与孩子一起面对挫折，增进亲子之间的关系

我们知道，在孩子成长的过程当中，总会遇到这样或那样的困难和挫折，而教会孩子懂得直面困难并努力克服，从而令自身得到蓬勃的生长，是非常重要的。在这个与孩子一起面对挫折的过程中，亲子之间的联结会更加紧密。

不要害怕挫折

我们都知道，孩子的抗挫折能力很重要。那么，我们做父母的该如何培养孩子抗挫折的能力呢？我想，最重要的是，我们先不要害怕让孩子经历挫折，让孩子直面他碰到的困难。这也是我在每次和家长交流时，都着重强调的一点。因为现在的孩子，抗挫折能力确实太差了。抗挫折这种能力，没有孩子是天生就具备的，是需要我们一点点培养的。

首先，我们要告诉孩子应该如何看待困难。只有有勇气面对困难了，不害怕挫折了，才有可能往更深层次去谈。既然，孩子的抗挫折能力这么重要，我们就要培养孩子正确看待困难的态度，以及努力克服困难的勇气。父母怎么培养孩子看待困难的态度呢？最基本的一点，是面对困难不害怕。只有孩子有了一个面对困难的良好心态，才能很好地去克服困难，进而有信心打倒困难。只有这样，父母在这方面的教育才算成功。

孩子怎么才能毫不害怕困难呢？畏难情绪是很正常的。我们做家长的，就要多肯定孩子、多鼓励孩子。不管是大人还是小孩儿，都希望得到别人的肯定。那在孩子成长的过程中，我们要帮助孩子建立这个自信，哪怕是孩子今天不够优秀，他身上也一定会有闪光的地方。所以，家长要想真正改变孩子的现状，让孩子敢面对困难，必须先培养自信，而培养自信方面，最重要的一点就是父母要肯定孩子。得不到父母肯定的孩子，就会出问题。

我有个"万能公式"，就是夸孩子做得好。夸奖孩子的时候，周围人越多越好，夸奖的事情越具体越好。周围人越多越好比较好理解，那为什么要越具体越好呢？因为我一直强调，夸奖孩子要体现你对他做这件事情的肯定，而不是说对他人的肯定。我们经常说，要多夸奖孩子努力，少夸奖孩子聪明，是一样的道理。比如，您家孩子早晨按时起床，您越夸他，他越愿意坚持；您不夸他了，他也许坚持一段时间就过去了。在孩子应对困难的过程当中，父母不要因为孩子的失误而愤怒指责，也不要说一些消极否定的话，应该多说一些积极肯定的话。这样，孩子就算只做出了一点儿成绩，也不会丧失信心。未来，他遇到困难的时候，就不会害怕。

教会孩子克服困难

有克服困难的勇气，不是那么容易的。但是，一旦孩子有了这个能力，也就会在漫长的生命中增长无尽的能力。为什么这么说？我认为，有一个解释特别好，一个鸡蛋从内打破就是生命，从外打破就变成了炒鸡蛋。一个人从内心反省自己的时候，生命力会越来越强，解决问题的能力会越来越强，个人的状态就会越来越好。克服困难又像跨越临界点，就像举重运动员一样，再举一公斤甚至半公斤，就是冠军。但是，就是那一公斤甚至半公斤成了临界点，突破不了。这个临界点突破不了，孩子就没有办法继续进行。

为了培养孩子克服困难的能力，我们甚至可以有意识地让孩子经历一点失败。如果您总让孩子赢，他没有感受到输，他就输不起。我常说，能赢的孩子是一把好手，能输得起的孩子才更可贵，有可能成为人物。举一个我自己的例子。有一次，我跟我家老大打篮球。您想，他那么小的个子，我这么高的个子，我就把球来回扔，老大抢不到，他就来回抢。一会儿老二跑过来了，我来回拍不让他抢到，他抢到以后我就再抢过来。有的家长就说："王老师，如果我要是这样跟孩子玩，他早恼了。"我说："我不管孩子恼不恼、哭不哭，我跟孩子玩，我俩就是竞争对手，让孩子感受一下想得到又得不到的感觉。"一个人如果想得到的东西太容易得到，最后得到了也不会珍惜，是不是？所以，有意识地给孩子制造一点儿困难，虽然难，但是也要做。

在您可控的一些困难中，培养孩子对待挫折的正确态度是比较容易的。如果爸爸妈妈对待挫折的态度不好，甚至说很糟糕，只允许孩子成功，不允许孩子失败；只允许孩子取得好成绩，不允许孩子有失误，对孩子的影响就非常不好。在一般情况下，孩子在面对挫折和失败的时候会出现恐惧、沮丧等消极情绪，我们家长就不要再给孩子泼冷水了。

讲到这儿，我想再给大家讲一讲我个人的经历。我在上小学的时候，并没有觉得考完试难受，因为成绩一直挺好。结果上了初中之后，每次考完试，我基本都会失望，为什么？因为我的目标是要超越我的一位同学。当时，我有一个同学，他小学的时候，成绩一直不如我。上了初中以后，我俩又分在一个班级，还在一个宿舍。这个同学上了初中以后，第一次考试就考了我们班第一名。初中三年，他稳稳的都是第一名。我心里头就不服呀，我心想我小学的时候能比你好，我到了初中就也能比你好。我天天追、天天追，追得把枕头都烧着了，还是没追上。这不是个比喻，我是真的点着蜡烛学习，把枕头都烧着了，很危险。最后，我还是没追上人家。人家每次都是第一，我最多也就能到班级第五六名，甚至有一次成绩出来了，我趴在教室里哭。

现在，我想一想当时那个沮丧、消极的情绪，如果爸妈在这个时候挖苦我，说我不行，我就完了。但是，我的父母一次都没有。爸妈就告诉我，努力学就行，考多少没有太大关系。我想说的就是，什么是对自己的孩子有一个正确的评估？这才是真正的

智慧。我在初中就经历了这种挫折，就导致我后来内心就比较强大。而且，一个人在越小的时候明白人外有人、天外有天，对自己越好。

总而言之，家长要与孩子一起面对挫折。在这个过程中，鼓励孩子，给孩子信心和勇气，帮孩子端正面对困难的态度，让他知道在这个过程中如何去求助，如何去努力，如何去增强自身。同时，家长也在这个过程中，与孩子建立了更加亲密的联结，就像是一起战斗过的朋友那样亲密。

峰哥语录

- 遇到困难不抱怨，从挫折中找希望。
- 困难在我们实现梦想的过程中随处可见，克服它们就能取得胜利。
- 对于有真正梦想的人来说，困难不是拦路虎，而是垫脚石。

意志源泉：
培养孩子的意志力，
做孩子成长路上的补给站

无论对谁来说，人的一生都是艰难的。我们的孩子不仅要有扎实的知识、健全的人格，还要拥有强大的意志力。没有人是轻松地成功的，您如果听到了轻松成功的故事，千万不要信，那只是个故事罢了。凡是在社会中取得了一点成就的人，无一例外是拼尽全力的。这时，比的不是您的脑瓜子比别人聪明多少，是您的意志力比别人强大多少。因此，家长要注重培养孩子的意志力。培养孩子的意志力，是一个不能着急、循序渐进的过程。在这个持续的过程中，让孩子每天提升一点点，不断积累，就能获得恒久的收获。

也许，越聪明的人反而越干不好事

我姥姥还活着的时候，跟我们说过一句话，我一直铭记在心。她老人家说，太聪明的人反而傻了。我小的时候理解不

了，现在懂了。您有没有发现，您身边太聪明的人反而干的都是傻事，因为他自己绕了十八个弯把自己绕进去了，而那些傻乎乎的人却有傻福，对吧？反正就是铆足了劲往前干，失败了继续往前干，反而不知不觉成功了，对不对？所以，还真是越聪明的人反而越干不好事。我认为，这和意志力有关。什么是意志力？

根据发展心理学的理论，良好的意志力应该具有4个特征：意志的自觉性、意志的果断性、意志的坚持性、意志的自制性。在我看来，意志力就是主动的、执着的、不去抄近道的、不去要小聪明的行动力。培养孩子的意志力要从小开始，什么意思呢？比如，孩子小时候摔倒了，磕在桌角上磕了个包。孩子本来没哭，奶奶看见一下嚷嚷起来，孩子才哭的。摔倒，是孩子人生中遇到的第一个小小的困难，有智慧的家长不会管他。这时候，要是奶奶说，这个破桌子，怎么把我小孙子给磕着了？等他长大了，他遇到问题，就会觉得是别人的问题。孩子走路摔倒了，让他自己起来，别着急扶他。实际上，这就是在说，孩子遇到困难了，别着急帮他解决，除非他有求助的声音。

举个例子，说说我家孩子骑自行车吧。小孩子骑的自行车后面有3个轮，就是为了稳定的。有一次，他刚开始骑的是平路，后面骑的路是由一块块石头砌起来的，石头中间有个缝儿，他进去骑不动了。骑不动以后，我真的没有管他干什么。他说，爸爸我骑不动。我告诉他，骑不动就下来推着。他说，我推不动。我说，推不动你把自行车抬起来。后来，他想了个办法，把自行车抬起来一点吭哧吭哧地往前走。后来，他出来以后，我说，儿子你真棒。后来，他又骑到公园里头的大坡，他往下骑的时候握不动刹车，然后跌倒坑里头去了，把头撞了一下，在那儿大哭。我就过去了。我一看，没碰出血来，就是碰红了。我问，怎么了？他说，疼。我说，那咋办？也没管他。一会儿，他自己出来了，再继续往下走，这个时候他就不是往下溜了，而是推着自行车往下走。后来，我发现他自从碰了那一次，每次骑下坡的时候，总是下来推着或者拿双脚戳着地，不再直接往下溜了。

所以，这点小困难是不需要家长帮忙的。不遇到几次困难，孩子总是不长记性。如果他骑车时的这两个小困难，我去帮他了，他下次遇到还会让我帮他。家长给他摆平了困难，他就处处会有困难，你让他自己经历困难，他自己就会长智慧，是不是？

意志力是哪里来的？

意志力不是凭空产生的，是一次次磨炼出来的。我们做家长的眼睁睁地看着心疼，但是你又不能帮助他。父母总想着，孩子干得那么累，还不如我干，我三下五除二就干完了，您是不是这样想的？让他自己做，他得做半个小时，自己10分钟就做完了。

给大家讲讲我成长过程中的事。我们家3个孩子，我有一个哥哥、一个妹妹。一到放暑假，我们都要干农活。我们最常干的

农活是摘枸杞。您想，夏天摘枸杞，到了中午的时候，太阳真的特别晒，晒得我们满头大汗。那么小的孩子在枸杞地里，不通风，又憋又有蚊子。谁家不怕自己的孩子在那里边中暑？但是我爸我妈就让我们兄妹3人摘枸杞。后来，我们就尽量早地起来干。但是，露水把我们衣服都弄湿了。要么是特别晒，要么是衣服湿漉漉的，哪个家长不心疼孩子呢？但是，我们都出去干。我现在回想，觉得我们3人在同龄人当中，是很厉害的，虽然不是最厉害的，但是我们至少遇到问题没有退缩。我想，我就是在这样的经历中，磨炼了意志力。

孩子并不是天生拥有意志力，主要还是靠后天培养。所以，我们家长平时在这几个方面要多注意：第一，不怕犯错。只有在困难中成长的孩子，才不会轻易地被困难打败。在他们战胜困难的过程中，家长不要什么事都包揽过来，也不责备孩子看起来无效的努力。这个过程，正是孩子增长意志力的过程。第二，让孩子参与进来。任何决定都让孩子参与进来，不要怕他做出错误的决定。如果您总是不让孩子参与决策，未来他就会有严重的选择困难，并且不敢为结果负责。第三，鼓励孩子，让孩子自信起来。您的肯定和支持，会强化孩子的成功经验，建立孩子未来战胜一切困难的信心。第四，运动、做家务、延迟满足等，都是培养意志力的契机。这些事情，不能等孩子长大再做，从孩子很小的时候，我们父母就要通过一些小事让孩子开始学会坚持。慢慢来，从小到大，从易到难，从低到高，慢慢让孩子接受磨炼，变得坚强。

峰哥语录

- 成功的人往往不是那些最聪明的人，而是最懂得坚持的人。
- 有考名校的信心意志力，比考上名校更重要。
- 在我们的成长路上，无论外面有多少困难，都不能阻碍我们实现梦想的路。

保护热情：
放弃条条框框，保护孩子对世界的热情

　　曾任耶鲁大学校长 20 年之久的理查德·莱文说过："真正的教育不传授任何知识和技能，却能令人胜任任何学科和职业，这才是真正的教育。"我认为，不给孩子设置条条框框，保护好孩子的热情，细心地观察孩子，就能帮助孩子找到最好的那条道路。

　　我们知道，孩子的思维往往比较开放和活跃。咱们作为父母，应该保护孩子的这种天真和好奇，并不断地挖掘孩子的潜力，拓宽孩子的思维，让孩子具备灵活的头脑。不要孩子刚兴致勃勃地说起来，您就打断他。我们养育的目标，应当是让孩子过上他们想要的生活。

保护孩子的热情

　　很多时候，问题的答案都不止一种，即使孩子的想法比较幼稚，也不要轻易否定孩子。要知道，孩子的创造力往往就隐藏在这些奇思妙想当中。不否定孩子还不够，您还要有识别出孩子天赋的能力。您专注地为孩子花时间，证明您对教育很重视，但如果您不知道养育孩子的方向是什么，也就很难知道怎么帮孩子找到他未来发展的方向。那么，您与孩子的沟通也会非常困难。

1936年10月15日，爱因斯坦在纽约为庆祝美国高等教育300周年纪念会上发言。爱因斯坦说：教育的首要目标永远是独立思考和判断，而非特定的知识。同时，人的价值应该体现于他能给予什么，而不在于他能获得什么。我深以为然。让孩子懂得对自己的生活有判断，并成为一个对社会有用的人，应当是贯穿在您教育孩子的行为中的思路。您是否以这样的思路在培养孩子呢？或者说，您也许并没有一个明确的思路。

孩子高中毕业了，成为一个成年人了，您没法给孩子任何建议，报考什么专业，去哪个城市，未来的路怎么走，孩子与您沟通的时候，您什么都不知道。这个问题不是到了高中毕业才显现出来的。我现在问您，您家孩子的目标是什么？您能答出来吗？是要当个科学家？是要当个宇航员？当个老师还是当个音乐家？您从没和孩子认真讨论过，一直盯着考试成绩，结果高考完了，要报志愿了，您和孩子一起迷茫了。

您看现在很多年轻人，本应该是积极上进的年纪，但是现在真的是"摆烂"，原因就是没有目标。妈妈爸爸从小说，要好好学习，可不要吃爸爸妈妈这些苦。这样的话孩子能听进去吗？孩子讨厌这些话，觉得烦，觉得没有营养，您说怎么办？和孩子从今天开始一起思考未来吧！原来咱们高考文理分科，现在文理不

分科，原来高考完了才选择专业，现在是入高中的时候，就要大致知道孩子未来要干什么。如果高一结束时选科没选好，到了高考都没有办法报志愿。那么，一个初中生毕业生才十三四岁，他能知道他未来干什么吗？他根本不知道。那么，您对这个世界的认知就非常重要了。

所以，您有了教育的目标，和孩子一起思考他未来要过怎样的一种人生，是您和孩子更好地沟通的前提。我特别同意一个观点，即家长不是帮孩子规划人生道路，而是尽量去发现孩子想过一种怎样的人生，然后帮孩子实现。这里的帮孩子实现，当然不是替他做，而是明白他喜欢，您帮他创造条件让他做。

给孩子智慧，而不是知识

我一直强调，智慧比知识还要重要。有人说，有了知识就有了智慧，我认为不是这样的。我自己有一点感悟，就是智慧不是学出来的，是通过生活体验出来的。我总和家长朋友说，由于我们怕孩子吃亏受罪，就什么都不让他经历，这不仅对他未来面对生活没有好处，甚至也会影响他的学习，您信不信？

之前有个家长找我说她家孩子要中考了，问我能不能给他指导几次，付多少钱都行。我就跟他开玩笑，说我收费可高了。她说收多少没事，就是为了孩子。我一听，就感觉这是那种凡事都扶着孩子的家长。我就问她，我说您想让我给孩子指导什么？她说，现在初三开始学化学了，孩子学不会，想让我在这方面指导一下。我说，咱们先不提指导的问题，我先和您家孩子聊一聊。

我在和孩子聊天的时候，就穿插进去这样几个问题。我说，你做过饭吗？孩子说，没有。我说，那你看过你妈妈做饭吗？孩子说，也没有。我说，你妈妈做饭，你经过厨房的时候，闻到过食物变熟的味道吗？孩子说，我的卧室离厨房比较远，没有闻到过。我后来又问了几个问题，发现这个孩子确实是除了学习，基本上什么都不干。我就和这位家长说，您家孩子从来没做过饭，连煮鸡蛋都没见过，也不知道食物是怎么由生变熟的，化学很难学好的。

有的家长反驳我，说难道孩子知道怎么煮鸡蛋就能学会化学了？实际上，像物理、化学这种依靠实验支撑的学科，是需要孩子善于动手、善于观察的。生活当中的很多现象都是物理、化学现象，孩子要先对生活有认知，才有可能学好知识。知识重要还是智慧重要？从小不积累生活的智慧，长大学习知识的时候，也会磕磕绊绊。

 峰哥语录

- 教育的本质是让人在成长过程中找到自己感兴趣的东西，并且想为之付出一切。
- 教育的痕迹越模糊，教育的效果越明显，父母应该按照孩子的兴趣爱好去定位。

自信价值：
让孩子拥有梦想，并坚持不懈

我在我的直播间里，会让家长和孩子一起写下一句话。这句话是这么说的："不是因为事情难以做到，我们才失去了信心，而是因为我们失去了信心，很多事情我们才难以做到。"一个孩子能更好地成长，更积极地成长，拥有梦想并坚持不懈是非常重要的。

什么样的孩子是好孩子、优秀的孩子？当然没有一个统一的标准。但是，我们发现，无论在哪种标准下，有梦想的、自信的孩子都是能够自我成长的、有竞争力的孩子。这样的孩子也更能对抗生活中的困难。因此，我认为，家长要帮孩子认识到自己的优势，发现自己的梦想；再与他们一起，充满激情地、乐观地奔跑；最后，鼓励孩子用坚韧的力量不懈地追求自己的梦想。梦想的力量、自信的价值正在于此，这是孩子面对未来困境的底气。

梦想的力量

我常常与大家提起一个故事，这个故事叫《一块石头的梦想》。这是一个发生在法国乡村的故事，我每每想到，依然觉得非常感动。在这个法国乡村，有一位尽职尽责的邮递员，每天奔走在各个村庄为人们传递邮件。有一天，他走在一条山路上，不小心摔倒了，不经意发现脚下有一块奇特的石头，他看着喜欢，就把那块石头放进了邮包里。村里的人们看到他包里有一块沉重的石头，都感到很奇怪，劝他把它扔了吧，毕竟邮递员要走那么远的路，这石头可是一个不小的负担。邮递员取出那块石头，晃了晃，得意地说，你们有谁见过这么美丽的石头吗？人们无奈地摇了摇头。实际上，这里到处都是这样的石头，一辈子都捡不完的。邮递员并没有因为大家的不理解而放弃石头，他有个大胆的想法——他想用这些奇特的石头建一座奇特的城堡。

从此，邮递员开始了全新的生活：白天，他一边送信，一边捡这些奇形怪状的石头；晚上，他就琢磨用这些石头来建城堡的问题。所有的人都觉得邮递员疯了，认为这根本是不可能的事儿。20多年后，这里真的出现了一座城堡。20世纪初，一位著名的旅行家路过这里，发现了这座城堡，这景色令他感叹不已。为此，旅行家写了一篇文章。文章刊登后，邮递员和他的城堡就成了人们关注的焦点。现在，这个城堡已经成为法国最著名的风景旅游点之一。在城堡入口处的一块石头上，还刻着

邮递员的一句话："我想知道，一块有了梦想的石头能走多远？"奇迹总是在不经意间诞生，就如一座神奇的城堡。邮递员最初的想法，就是想知道一块石头拥有了梦想之后，将有什么等待着它。

正是梦想的力量，将成千上万块普通的石头改造成了邮递员心中神圣的理想殿堂。在当地人的眼里，他干的或许是一个如同小孩儿建城堡一样的游戏。但是，邮递员最终创造出了这样美丽的风景，创造出了如此美好的城堡。我想，对于一名少年来说，没有什么比拥有梦想更重要。我们做家长的，要提高自己的认知，鼓励孩子做梦，帮助孩子做梦。

坚持不懈

拥有梦想，是认知层面的提高。我们提高了认知，还需要有行动。人最难的是什么？是坚持。坚持不懈这件事真的不容易，如果孩子在追梦的路上碰到了困难，我们做家长的，一定要鼓励他，与孩子一起克服困难。

这里，我也与大家分享一篇文章，这篇文章的题目叫《不肯放弃的林肯》。我每每跟家长说，我们要培养孩子坚持不懈的品质时，常常举这个例子。生下来就一贫如洗的林肯，终其一生都在面对挫败，八次竞选落败，两次经商失败，甚至还精神崩溃。对于一般人来说，遇到这样的境况就放弃了。林肯并没有如此，也正因为他没有放弃，才成为美国历史上最伟大的总统之一。

林肯在进驻白宫以前，1816 年，他的家人被赶出了居住的地方，他必须工作从而抚养他们；1818 年，他的母亲去世；1831 年，他经商失败；1832 年，他竞选州议员但落选了；1832 年，他的工作也丢了，想就读法学院，但进不去；1833 年，他向朋友借钱经商，但年底就破产了，接下来他用了 16 年才把债还清；1834 年，他再次竞选州议员，他竞选成功了！1835 年，在即将结婚时，他的未婚妻却去世了，他的心也碎了；1836 年，他精神完全崩溃，卧病在床 6 个月；1838 年，他争取成为州议员的发言人，但没有成功；1840 年，他争取成为选举人，但失败了；1843 年，他参加国会大选落选了；1846 年，他再次参加国会大选，这次当选了！他前往华盛顿特区，工作表现可圈可点；1848 年，寻求国会议员连任，依旧失败了；1849 年，他想在自己的州内担任土地局长的工作，被拒绝了；1854 年，他竞选美国参议员，落选了；1856 年，他在共和党的全国代表大会上争取副总统的提名，得票不到 100 张；1858 年，他再度竞选美国参议员，再度落败；直到 1860 年，他才当选美国总统。

林肯的故事告诉我们，只要一个人有梦想、不放弃，不管身边有多少困难，不管当下遇到什么，都有可能成功。打击固然可怕，但只要内心强大起来，就可以成为最厉害的人。要让孩子坚持，家长首先要懂得坚持的道理。有的家长问我说，我们孩子都坚持背单词背两个月了，为何成绩起色不大？我想说，你才坚持了两个月，而林肯坚持了 40 多年。要想成就一件伟大的事，就要懂得不放弃。学习也是如此，是一个量变到质变的过程，只要

孩子努力，就能获得成功。

峰哥语录

- 有成就的人都是厚积薄发、坚持梦想，才有了非凡的成就。

- 世界上没有笨人，只有不愿意为梦想努力的懒人。

- 饭得一口一口地吃，我们的路也得一步一步地走，那我们的梦想也要一点儿一点儿地去实现。

拥有冲劲：
有冲劲的孩子是个宝，不要害怕孩子有"野心"

我们中国的家庭教育总是有些偏保守的。有时候，我们虽然告诉孩子要有梦想，并且经常以"我未来要成为×××"作为命题作文，但是，我们并不真的相信孩子可以做到。在东亚的文化背景下成长的孩子，有冲劲、有"野心"是很宝贵的。我们要保护孩子这种特质，积极地引导孩子、鼓励孩子，让孩子成长为一个无惧"野心"的人。

如果孩子没有点野心，我们也仅仅给孩子定一个稳妥的目标，那么，如果孩子今天进步了，并且达成目标了，我们是不是就止步不前了？我认为，"野心"是很重要的，你让孩子想得高一些，哪怕没有全部完成，也能做到一个不错的程度。

无惧野心

我常常拿《穷人的野心》这个故事举例，对于这个故事我深受触动。这个故事讲的是：一位法国的亿万富翁去世以后，委托

他的律师在报纸上刊登了他的遗嘱。遗嘱显示，富翁不想把如何成为富人的秘诀带走，便委托他的代理人把秘诀保存在银行的保险箱里。现在，如果谁能回答穷人最缺少什么，富翁就把他的秘诀和200万法郎无偿赠送给对方。

遗嘱刊出之后，他的律师收到了大量的信件，里面说了各种各样的答案。有的人认为，穷人最缺少的是金钱，除此之外还能缺少什么呢？有的人认为，穷人最缺少的是机会，人们之所以穷，就是没遇到发财的机会。有的人认为，穷人最缺少的是技术，人们之所以穷，是因为学无所长。有的人认为，穷人最缺少关爱，人们之所以穷，是因为有钱人不愿意在关键时刻拉他们一把。当然，还有一些其他的答案，比如穷人最缺少的是一份安定的工作或者家族丰厚的遗产。后来，律师按亿万富翁生前的交代，打开了那只保险箱。发现在所有的信件当中，只有一位小姑娘的答案与亿万富翁的秘诀一模一样，即穷人最缺少的是野心。

有人好奇地问："年仅6岁的小孩儿为什么想到了野心，而不是其他的答案？"小女孩儿说："每次我和姐姐分享母亲的礼物时，她总是警告我，不要有野心，不要有野心！我想，也许野心可以让人得到自己想要得到的东西。"

的确，人有野心是一件再正常不过的事儿。因为人一旦有了野心，就不会满足现状，然后产生改变现状的想法，激发内在向上的动力和热情，并且开始有条不紊地按照自己的计划去做每一件事情。当然，有了野心，还需要付出自己的辛勤努力，才能实现自己的梦想，不能为了达到目的而不择手段。

我认为，这里说的穷人，还可以理解为思想贫瘠的人。思想贫瘠的人，对自己的未来没有想象。过去，由于社会文化方面的原因，很多女孩子都不敢想象自己成为科学家、工程师、高级将领等，但妇女解放后，她们中出现了多少科学家、工程师、高级将领？难道现在的女性与过去的女性在智力上有很大差异吗？显然不是的。现在的女性对自己的未来有了想象，有了野心。只有有了野心，才有可能进一步努力并取得成功。

罗森塔尔效应

如果您还不相信野心的重要性，偏要和孩子们说"枪打出头鸟"，我再举个例子，这是 1966 年的一项著名的实验。

实验是这样的：在一个小学，一名心理学家和他的助手声称要进行一个"未来发展趋势测验"。在这次"测验"结束后，他们以赞赏的口吻将一份"最有发展前途者"的名单交给了校长和与这些孩子相关的老师，叮嘱校长和老师务必保密，以免影响实验的准确性。实际上，名单上的学生只是随机挑选的，并不存在什么"最有发展前途者"。8 个月后，心理学家和他的助手发现：凡是上了"最有发展前途者"名单的学生，成绩都有了较大的进步，并且各方面都表现得非常优秀。

实验证明：被这些老师们认为可以"有野心"的学生在智商上有了明显的提高，表现出更强的适应能力、更大的魅力、更强的求知欲，等等。这个效果在原本智商中等的学生中表现得尤为

明显。显然，心理学家随机挑选的"权威性谎言"起了作用，因为这个谎言对校长和相关的老师产生了心理暗示，他们相信专家的结论，相信那些被指定的孩子配有更大的"野心"，对他们也寄予了更高的期望。

这名心理学家就是20世纪美国著名的心理学家罗森塔尔，这个实验的结果被称为罗森塔尔效应。

很多家长跟孩子说，你考试不能不及格，那孩子对自己的野心就是考试及格，及格了他就不努力了。一个不想当将军的士兵不是好士兵。同样地，一个不想学有所成的学生不是好学生。所以，我们要鼓励孩子有野心，有目标，有追求。

 峰哥语录 ▌▌▌

- 我们既要仰望星空，又要脚踏实地。仰望星空就是要有梦想、有追求、有目标。脚踏实地就是去努力、去行动、迅速去做。
- 这个世界不相信眼泪，只相信把眼泪转化成志气，用志气来浇灌我们的梦想，让我们的梦想越长越大，最后变成现实。

经历挫折：
给孩子面对未来人生的底气

　　丹尼尔·西格尔是国际知名教育家、心理学家，"全脑教养"提出者。同时，他还是谷歌、微软等科技巨头推崇的人际生物学创立者。他的"第七感理论"被"情商之父"丹尼尔·戈尔曼誉为"堪与弗洛伊德的潜意识理论、达尔文的进化论齐名"。在他一系列的创想与分析中，"开放式大脑"的概念是我最想分享给大家的。

　　那么，什么是开放式大脑呢？丹尼尔·西格尔认为，开放式大脑是帮助孩子意识到他们是谁，他们会成为谁，意识到他们有能力克服失望和挫败，从而自觉选择富有联结和意义的生活。要培养开放式大脑，不能总对孩子说"是"，不能总是对孩子放纵或让步，不能总是避免他们失望或替他们解决麻烦。

　　这是什么意思？这里面传达的一个非常重要的信息就是，不要太惯着孩子，人都要经历点挫折，才能走得更稳。只有经历了一些挫折，才能更稳当地往前走。所以，家长不要害怕让孩子经历挫折，经历过挫折的孩子才更加强大。家长要通过一点一滴的

事情，慢慢培养孩子的意志力。挫折教育的重要内容，就是在孩子还不懂得如何面对困难的时候，我们来教会孩子如何看待困难，如何克服失望。

放手让孩子经历挫折

现在孩子的物质生活条件确实是好了，但是，生活越好，生活得有意思就越难。我们家长是不是觉得现在生活好了，过年越来越没意思了？为什么现在过年越来越没有意思了？因为平时过得太好了，每天都像过年。原来，好久没见您的亲人父母了，您可以过年见一见他们，但是现在什么时候想见都可以，随时可以进行视频通话。原来吃个苹果还得等到过年，买个黑红枣，还等着大年三十那天。这个晚上，大家聚在一起吃，平时就有了期盼。你经历了苦，才知道什么是乐。

因此，让今天的孩子懂得苦与乐，也是我们家长教育他的一部分。原来，我们吃一口雪糕还得舔着吃，怕太快吃完。今天，您给孩子买一堆雪糕，孩子都不吃的，因为他觉得那没味道。所以，我们不能把孩子含在嘴里怕化了，捧在手里怕摔了。我的直播间里，总有父母说："哎呀，孩子不写作业，我就坐在旁边，我怕他写不完。孩子不起床，我得三番五次地叫他，因为我怕他迟到。"是不是这样？孩子踢个足球，您都怕累坏了，怕影响学习。总之，就是什么都不让孩子经历，这不是什么好事。

我们不能为了让孩子不遇到挫折，就把孩子关起来。开开窗户，新鲜空气进来了，蚊子和苍蝇也会进来。如果你怕蚊子和苍蝇进来，把窗户永远关上，那么屋里头的空气就会变得污浊不堪，对吧？健康专家也说了，每天早晨起来都应该开开窗户通风。

或许孩子一开始面对种种磨难时会感到焦躁沮丧，但如果我们处理好了，磨难对孩子来说，是好处大于坏处的。每个人都希望自己能够独立，只有懦弱的人才不想独立。经过一些挫折，人会越来越强大、越来越独立。在这一点上，我家老二就特别好。他干啥都不让家长弄，很小的时候就是这样。我干涉他，他就哭。

我再换个说法，在孩子的教育过程当中，爸妈最好的方法就是提前放开手，让孩子接触这个世界，让他自己摔倒自己爬起来。一个孩子小的时候没有摔倒过，他就尝试不了摔倒的滋味，他也更尝试不了亲自爬起来的那种快乐和成就感。

读懂孩子

那么，我们应该怎么做呢？首先，咱们要干一件事儿，叫读懂孩子。如果您不能读懂他，就没办法与他一起面对。那么，怎么读懂孩子呢？我认为，在读懂孩子之前，先要读懂自己。如果您自己都不明白您的优势是什么，您的特长是什么，您能帮助孩子解决什么问题呢？您可能就只能在中间瞎搅和。

咱们举个例子。我之前邀请人大附中前校长、特级教师肖远骑老师来直播间，他讲了这样一个案例。肖老师讲，有一个小学生的爸爸是清华大学生物工程专业的博士。有一天，这个孩子

的学校组织去登山并且观察一些植物，很多孩子就把植物带回了家。这个孩子拿了一株植物回来以后就问老师："这是什么？"老师说："这个我也不知道，你爸爸是一个生物学家，你回去问问你爸爸。"孩子就拿着这株植物回去问爸爸，爸爸看了看说："你没问老师吗？"孩子说："我问了，老师说让我回来问你。"爸爸想了想说："你还是要去问老师。"儿子就很疑惑："为什么还要去问老师？老师说他不会。"爸爸说："一定不是老师不会，估计当时老师忙着，没来得及跟你说。"

第二天早上上学的时候，这个爸爸拿了一封信，对儿子说："最近我托你们的老师办点事儿，我担心打电话会打扰到老师，所以，你把这封信带给老师，记得今天一碰到老师就要给他。"大家应该猜到了，这封信里就写了这株植物是什么，有什么习性特点，并且希望老师告诉孩子。等孩子放学回来以后，爸爸问儿子："老师告诉你那株植物是什么了吗？"孩子说："告诉了。"爸爸就说："你看，你们老师很厉害，他昨天一定是忙，没顾上跟你说。"老师很感激这位爸爸，从那以后，这个孩子也对他的老师特别崇拜，认为爸爸作为一个植物学家都不懂的问题，他的老师懂。

我举这个例子，是什么意思呢？您看，当一个孩子遇到困难的时候，不是爸爸显示权威的时候，也不是妈妈显示能耐的时候。您要告诉孩子，让孩子自己去求助、去解决。而我们很多家长把事情做反了。孩子们在学校，老师讲了三遍五遍没弄明白，爸爸妈妈就把孩子送去找一个外边的老师补课，可能大多数都是在校的学生。并且还说："哎呀！我们家的孩子补了数学，数学成绩提起来了。"这简直是荒唐，并且愚蠢。老师在学校反复讲，一两遍没讲懂，讲三遍五遍，结果您把功劳归结在另外一个人的身上。从此，孩子有什么不会的，就求助父母了。

实际上，一个孩子从小被老师夸奖大，被父母夸奖大，被所有身边的人羡慕，在这个过程中，孩子还没有遇到任何困难、任何坎坷，这是很可怕的。因为，等他长大了，在遇到人生的第一次打击时，他一定会出点问题。一个人是很难一辈子都很顺利的，早期特别顺利的人一旦遇到坎坷，接受不了就会难以接受。我们是不是总看到一些一帆风顺的孩子，一旦走上工作岗位，就适应不了？

对孩子来说，从小在生活和学习中遇到些小困难并不可怕，家长不必过于担心。孩子在一次次遭遇困难的过程当中，学会想办法去应对、去解决，会积累属于自己的经验。这些都是孩子最宝贵的财富，对他学会处理问题和养成坚强的性格都有很大的好处。

 峰哥语录

- 困难是成功的垫脚石。
- 困难像弹簧，你强它就弱，你弱它就强。
- 勇敢的人都敢于面对困难，而胆小鬼遇到困难只会逃避。
- 让孩子自己经历该经历的，承受该承受的，他才会健康成长。

第七章
培养心理健康的孩子，
给孩子一把通往幸福人生的钥匙

热爱运动：
运动能把健康和自律一起带给孩子

　　有的家长反对孩子运动，认为孩子不应该把用来学习的时间花在运动上。如果您也有这种想法，那要马上改一改。运动不仅可以让孩子身心健康，还可以培养他们自律的习惯。身体和情绪不是截然分开的两部分，身体好了情绪就好。现代医学已经证明，在我们的大脑中，负责身体移动的那部分和负责让我们有逻辑地思考那部分是紧挨着的。

　　因此，运动是非常重要的，不仅对孩子的健康很重要，对培养孩子自我驱动能力也很重要。实际上，我们家长一定要记住，锻炼孩子的大脑固然重要，锻炼孩子的身体更加重要。

运动的效能

　　大家都知道，我经常和我家孩子一块儿打篮球。但是，据我所知，在我直播间的很多家长，把大量的时间都用在了孩子的学习上，包括写作业、背单词，等等。孩子只要做跟学习无关的事情，父母就认为是不务正业。其实真的不是那样的。大家可以观察一下现在的中小学生，中小学生身体肥胖率越来越高。这主要是因为现在的物质条件好了，父母都给孩子吃高营养的精细化食品，孩子想吃什么就能吃到什么。因此，现在的孩子大部分是营养过剩的，一个一个都成了小胖墩儿。

运动的效能非常强大。怎么引导一个孩子身心健康？当然有很多方法和途径。但我认为，坚持锻炼是非常重要的。和孩子一起锻炼身体，既对孩子的身体有帮助，还对他的心灵有帮助，包括培养我们说的非常重要的自律的品质。不仅如此，和孩子一起锻炼身体，还有助于亲子之间感情的培养。

运动对孩子小脑的发育有很重要的作用。咱们都知道运动协调与否取决于小脑，如果小脑受伤，人就有可能失去自理能力。实际上，小脑不仅负责人的肢体协调，还影响人的思维水平、判断能力以至注意力，甚至小脑还是影响人们是否自闭的一个重要因素。而小脑的水平基本与遗传无关，是靠后天的锻炼形成的。各位家长就一定要重视了，运动可以强化孩子们的小脑。从生物学的角度讲，不止人类，大多数动物小脑的发育都依靠运动和玩耍。

小脑发育得好，会让孩子对世界更有掌控感。因此，为了孩子拥有一个更强大的小脑，您也不能做那种"除了学习干什么都是耽误时间"的家长，那种"只要孩子离开自己视线超出一分钟就担心"的家长。

运动对孩子身体发育和智力发育都很有益处。根据现代医学

的研究，运动能够刺激被称为大脑的"肥料"的脑源性神经营养因子的产生，还能为大脑提供更多的氧气和葡萄糖，这能促进孩子神经系统发育和脑细胞的生长。因此，我们看到，爱运动的孩子情绪会比较稳定，注意力也会比较集中。哈佛大学医学院临床副教授、临床精神病医生、跨学科研究专家、国际公认的神经精神医学领域专家约翰·瑞迪写过一本畅销书，就叫《运动改造大脑》。对运动有偏见，认为运动耽误时间的家长可以找来看看。

在《运动改造大脑》这本书中，约翰·瑞迪驳斥了人们认为运动仅仅对身体有益的观点。他指出："其实，我们血脉偾张时令我们心情愉快的真正原因是：运动使我们的大脑处于最佳状态。而且，运动不仅对身体有益，还有更为重要和更吸引人的优点。强健肌肉和增强心肺功能只是运动最基本的作用。我经常告诉我的患者，运动最关键的作用是强健或改善大脑。"

运动培养孩子自律

体育锻炼对培养孩子自律能力、磨炼孩子意志力是非常重要的。所以，一个孩子的心智成熟不成熟，一个孩子有没有意志力、有没有抗挫折能力，都与体育锻炼关系密切。我们看到，奥运会冠军或者在体育方面有一些成就的人，他们在社会上，就更有可能有一番作为。因为他们从小就磨炼了意志，养成了自律的好习惯，身心也都比较健康。

抗挫折能力有多重要呢？我之前看新闻报道了这样一则消息：

一个高中生考完试了成绩不好，妈妈说了几句，他背着书包就跳河自杀了。这则消息惊动了整座城市，为什么一个高中生成绩不好要到跳河自杀的程度？可能是原来的成绩很好，他这次成绩降下来了，本身期望这次成绩有所提升；也可能是成绩一直不好，妈妈总是批评他，不太懂得开导孩子，而孩子本来就不能接受自己成绩差的事实。

　　无论是怎么一种情况，我们都看到，今天的孩子随着物质条件变好，精神世界却有变得空虚的趋势。我们成年人也是，房子大了，心变小了。人都是这样的，有一种普遍的任性，就是追求快乐，逃避痛苦。快乐的时间久了，对抗痛苦的能力就越来越弱。但是，没有人可以毫不费力地一直快乐，或者说如果一直快乐的话，人也就感受不到快乐了。孩子的可塑性是极强的，我们从小就要培养孩子的抗挫能力，体育锻炼就是一个非常好的方式。

 峰哥语录

- 没有一个好的体质，再高智商也不行。
- 不管遇到什么样的困难，我们都要全力以赴地去战胜它。
- 在这个浮躁的年代，只有自律的人，才能脱颖而出，成就大事。

睡个好觉：
一定要重视孩子的睡眠问题，让他睡足

神经科学与心理学教授马修·沃克在他的著作《我们为什么要睡觉？》中指出："要使大脑和身体健康恢复到最佳状态，我们唯一能做的也是最有效的事，就是睡觉，它是大自然赐予我们的最佳对抗死亡方法。"同时，他还指出："缺乏足够的睡眠可以通过很多途径害死你。有些途径需要时间，另外一些则更直接。大脑有一个功能，即使是在最轻微的睡眠剥夺之下也会受到影响，那就是专注力。"因此，我特别重视孩子睡觉这件事。可以说，好的睡眠是孩子自我驱动地成长的生理基础。

睡得越早，状态越好

有一种现象是，孩子睡得越好，状态越好；孩子状态越好，越能得到表扬，他的成绩就越来越好。孩子睡得越晚，状态越差，成绩就越差，最后的结果就越糟糕。您看，这就是晚上睡觉的效果。有的家长说，那是成绩不差的，要不能睡得着吗？不是这样的，一个孩子成绩的好与坏，不是取决于孩子课下做了什么，主要还是取决于孩子课上做了什么，您要想让一个学习基础薄弱的孩子成绩提高，首先要让孩子课上有充沛的精力，上课的时候头脑清醒、思维清晰。

另外，晚上睡得好，早晨起床后督促孩子把前一天的学习任务从早到晚给捋一遍，孩子学习的问题就解决了50%。我给大家举个例子。一个再厉害的教练，也不会让一个脚扭了的田径运动员去坚持训练，对不对？脚扭了去跑步，他能跑吗？如果孩子都没睡醒，您让他学习，他能学得了吗？不可能。所以，只有父母把晚上的睡眠时间抓住了，才能保证孩子第二天精力充沛地学习。

现代医学研究已经证明，睡眠不足与多动症（注意缺陷多动障碍）之间存在联系。患有多动症的孩子，没办法在白天好好学习，他们会表现得烦躁不安、情绪化、注意力更加不集中。特别需要家长们注意的是，睡眠不足还会使孩子患抑郁症和出现自杀倾向的概率明显增加。

睡眠匮乏有多严重？

如果您的孩子已经有了以下这些症状，例如：不能保持注意力、学习效率低下、行为问题、精神状况不稳定等，先别急着下结论说孩子有多动症，看看孩子的睡眠是否充足，因为这些症状同样可能因为孩子睡眠不足而导致。

　　因此，如果孩子的专注力问题已经严重到需要医生给予判断，那么，您向医生描述孩子这些症状的同时，一定要如实向医生解释孩子的睡眠情况。因为，很多家长会忽略这一点，而使不少孩子被误诊为多动症。这不是危言耸听，根据一些可靠的调查和临床评估，有大量的孩子被误诊为患有多动症，而实际上他们只是存在睡眠障碍罢了。很多家长都不知道睡眠的重要性和孩子缺乏睡眠之后的后果。

　　我的直播间里有的妈妈分享她是怎么关心孩子的睡眠的，她说："王老师，我家孩子写作业写到晚上 10 点多，我就不让他写了，然后我让他去睡觉。我家孩子问我作业写不完明天老师批评我怎么办？我就说你先睡觉，睡醒了再说。"我认为，这个妈妈的做法是智慧的。那么，写不完作业怎么办？咱们要分析一下，在"减负"的背景下，老师一般是不会留过量的作业的。那么，是孩子没利用好时间写作业，效率出了问题，还是孩子对知识掌握得不好，不会做耽误了时间？如果都不是，真是学校老师留的作业多的话，家长可以有针对性地去和老师沟通。学习的目的是学会，不是完成作业。

　　另外，除了晚上睡觉，午睡也很重要。因为只有午睡好了，孩子下午的状态才会好。但是，不排除有些孩子天生精力特别旺盛，那么，我们也不要逼孩子。不过，我还是建议，哪怕睡不着，中午也闭 10 分钟眼。想让孩子的成绩变好，最重要的不是你给他找了什么样的老师，是先让他睡醒。在课堂的 40 分钟当中，有的孩子坐在那儿听课，眼睛盯着老师，脑瓜子里头早不知道想什么了。因为他根本就没有心思和精力去学习。昨天晚上睡太晚了，再有本领的老师也教不会他，对不对？

很多家长都忽视孩子们正常的睡眠需求，不了解睡眠的重要性。有时，孩子们多睡一会儿，其实只是想要得到他们正常的睡眠量罢了，家长还要责骂孩子。睡不够觉，孩子的学习状况将陷入恶性循环，我希望您不要陷入这种忽视孩子睡眠的恶性循环，因为当孩子睡眠不足时，他们的思维就不再发展了，并且会精疲力竭、疲惫不堪。

总之，良好的睡眠习惯没有养成，学习效率迟迟不提升，孩子很难进入一个良好成长的正轨。只有当睡眠充足之后，孩子们的思维才有可能得到蓬勃发展。

峰哥语录

- 成功者的第一特征就是早睡早起。
- 子女一生的幸福是从好习惯的养成开始的。

压力适当：
别压垮他，也别让孩子飘起来

　　我自从 2008 年从事家庭教育这个领域的工作以来，总是能看到孩子自杀的消息，尤其是中学生自杀的消息。这些年我发现，越是生活条件好的地方，家里条件比较富裕的家庭，越容易出现自杀的孩子。

　　在我看这些报道时，发现媒体的叙述方式和我的想法一样，充满了悲痛，但也充满了不解，为什么不缺吃不缺穿还要去自杀？为什么明明在年级里的成绩数一数二了，还要去自杀？为什么在各大竞赛中，已经获得了优异的成绩，还要去自杀？为什么小小年纪已经表现出了极高的艺术天赋，还要去自杀？这里面，其实有一种我们思维的惯性。我们认为，人只有失败了才会想到自杀，人只有过不下去了才会想到自杀。真的是这样吗？为什么这些优秀的孩子会想自杀？

常年的压力才是孩子自杀的诱因

　　我读了一些相关研究的书，发现事情和我想的不太一样。一个孩子最好的状态是，他能够对事情全情投入，发挥出自己的大脑应该发挥出的效能，并且能够感到做这些事的意义。那么什么状态是最差的状态呢？就是常年生活在压力之下，没有机会放松，没有机会恢复自己的情绪和体能。这种常年的压力，会让孩子变得非常焦虑，他们可能会睡不着或者嗜睡，吃不下饭或者暴饮暴食，拖延症越来越严重以至于没法正常完成学习任务，甚至对那些原本感兴趣的事情也失去了兴趣。

那些常年被压力折磨的孩子会非常茫然，他们很无助，但是，越优秀的孩子越不会寻求帮助。久而久之，他们开始怀疑自己所有的努力都是没有价值的。甚至他们会怀疑自己无论如何努力，也达不到自己或者父母想要的结果。这种无力感是这些孩子最后选择自杀的最大诱因。事实上，在我们外人看来，这样的孩子是非常优秀的，甚至看起来是无所不能的。

我们都知道，人体分泌的多巴胺决定我们快乐的程度，而那些常年在压力之下的孩子，体内多巴胺的水平会下降，这个状态持续过久，孩子就会抑郁。当然，这并不是说我们就要过度保护孩子，就不能让孩子有一点压力，完全不让孩子经历困难的危害。因为什么呢？如果您一直不让孩子接触困难和压力，等到他有一天进入社会了，总要面临一些困难，这种时候因为从小被保护得过于好，孩子的抗挫折能力非常差，会更容易焦虑和抑郁。

所以，我们既不能让孩子长期生存在压力中，也不能让孩子被过度保护，而是要适当地引导孩子，培养孩子对压力和苦难的

耐受性。我们常常说，一个孩子特别有韧劲，就是这个意思。这样，等孩子进入社会，有一天真的碰到了自己很难处理的情况，他也不会崩溃，他会想办法解决。

在孩子的眼中，什么才是压力很大？

在我接触的家长中，很多人和我抱怨孩子不愿意上学。有的是比较小的孩子，一上幼儿园就哭；有的是中途转学了，就不愿意和新同学接触；有的是上了高中不愿意念了，想退学。这些情况，其实基本上都是孩子在面对压力了，他面临着新环境、新挑战给他的压力。这也是孩子们面临的压力当中最常见的一种。我就以这种情况作为例子，说说家长应该怎么处理，既不让孩子在压力面前崩溃，又能利用这种情况培养孩子的韧劲。

第一，我们要让孩子相信，这种情况是短暂的、可以解决的。因为，人类一般在什么样的压力面前容易崩溃呢？就是那种遥遥无期的、无法解决的压力。比如，孩子去幼儿园觉得孤独寂寞，但每天都要去幼儿园，孩子觉得这种折磨永无止境，自己又解决不了。这种时候，家长就一定要给他支持，如果可能的话，可以先上那种半天制的幼儿园，让孩子可以有一个衔接和过渡，并且回来听听他怎么说，到底什么事情让他感到压力？要让他相信，无论发生什么，父母都站在他身边，他是有人支持的。

第二，这种短暂的压力可以培养孩子的韧劲。为什么说可以让孩子先上半天制的幼儿园，这种可以接受的时长，让孩子有时间来恢复。我们近些年都很关注校园霸凌现象，在人们关注这个现象之前，其实校园霸凌也是存在的。但是，社会学家们发现，只要这个孩子被欺负不是持续发生的，也不是频繁发生的，同时，这个孩子身边是有人支持的，哪怕只有一个人，这个孩子一般就能撑过来。这种情况某种意义上给了孩子时间来恢复，他的韧性增强了。当然，让孩子经历一些压力，又不至于压垮，这个从理论上讲是容易的，从实践上讲是非常难的，毕竟孩子的心理状态瞬息万变。我们作为父母，应时时关注孩子的状况，要更细心也更耐心才行。

第三，我们还是可以适当选择一些积极的压力，来让孩子变得更坚强。虽然我们刚才说了非持续性的、偶发的校园霸凌一般不会引发孩子的心理问题，但是我们没有哪个家长要孩子通过这种方式来锻炼心性。我们应该选择一些什么样的事情呢？比如体育比赛、班级演讲。这样的活动不是持续的，可能一个学期也就几次，并且，这是您可以帮助他、支持他的。最重要的是，当孩子顶住这个压力，完成了比赛或者演讲时，他的那种成就感可以激励他日后更有韧劲。如果没有完美完成也没有关系，您要成为他的铁杆支持者，告诉他，他很棒，他已经做得很好。

总之，孩子只有放松下来，才能发挥出他真正的实力，持续的压力对孩子的身心是有损的。极端的严厉不是爱，无论为了什么，孩子的生命与健康都是第一位的。但是，适当的压力，又可以帮助孩子更加自律、自主、自立。

 峰哥语录

- 父母对孩子不要太关心，不要太有好奇心，不要太热心，过度的爱就是压力。

- 焦虑的家长养出的孩子容易脆弱和逃避，不如放下焦虑，给孩子足够的空间，让孩子自由健康地成长。

掌控生活：
帮助孩子赢得对生活的控制感

曾经有过这样一个研究，大概发生在 20 世纪 70 年代，说的是将养老院里的老人分为两组，一组被告知"你的寿命掌握在自己手中"，另一组被告知"护工会负责管理你的健康"。结果令人非常惊讶，"掌握在自己手中"组的寿命最终会长于"护工会负责"组。

没有控制感的生活是很令人焦虑的，尤其是孩子，当他们感到不能控制自己的生活时，不仅会感到无能为力，还会觉得不知所措。我们家长都有这个经验，孩子一旦学会走路，就会有一段时间特别上瘾，哪怕跌跌撞撞的，也总想走。这是为什么呢？我想，这就是对自己身体的控制感吧，能够依照自己的心意，想往哪儿走就往哪儿走。

有些成年人也是一样的，刚学会开车的时候也是这样的，那种驾驶的乐趣，能够操控一台庞然大物的感觉，特别令人开心。有的时候，我们看见那种身形特别娇小的女孩开着一辆 SUV，我们旁人都会替她过瘾。所以，为什么人类拥有控制感如此重要，

您大概能够体会了。对于还没有完全独立的孩子，控制感的产生尤其重要。他会认为，我虽然还没有成年，但是我的生活我自己可以做主。

别为孩子扫清一切障碍

我见过太多焦虑的父母了，从孩子没出生开始就担心孩子的各种问题，是不是健康，是不是好看，是不是聪明。等孩子开始蹒跚学步的时候，父母恨不得把家里变成一个软包房，怕孩子磕着碰着摔着。父母对孩子的行为感到焦虑也是正常的，但是，我们要懂得自己调节。家长的焦虑会影响孩子，家长过度地紧张、担心，会让孩子非常不舒服。我接触过一个妈妈，每次谈到教育孩子都要哭，家长的情绪这么容易崩溃，孩子的压力也会很大的。

随着科技的发展，家长真的可以时时刻刻盯着孩子了。如果家里请了阿姨，您可以安装摄像头，紧盯着阿姨的一举一动；哪怕送去了幼儿园，老师也会主动发来视频，让您放心。我们小的时候，翻墙、爬树好像都是很正常的，而现在的孩子如果要这么做，就会被制止，因为家长觉得太危险了。但是，我们没办法改变的是，如果您想让孩子未来更安全，就是要让他在小时候多尝试一些"挑战"，不能为他清除掉所有障碍。

咱们小时候都听过"塞翁失马，焉知非福"的故事。战国时期，塞翁养的马丢了一匹，这本来是一件坏事，结果没过多久，丢失的马不但自己回来了，而且又带回一匹骏马。马失而复得，是一件好事，又带回一匹骏马，这是好上加好的事情，这时候有邻居来道喜。塞翁的独生儿子喜欢骑马，看到骏马，那个兴高采烈的劲头就甭提了。骏马性子烈，他被马甩落在地，摔断了腿，好事又变成了坏事。后来，胡人大举侵犯边境，健全的孩子要当兵、服兵役，塞翁的儿子因摔断了腿不能去当兵，因此保全了性命。这说明什么？说明人的一生，际遇太复杂了，您无论如何都没办法预测孩子的一生。

现代研究也发现，小时候从高处跌落并受了点伤的孩子，反而不会在成年以后有恐高的问题。所以，爬爬树、翻翻墙，甚至摔疼一两次，反而能教会孩子们怎么面对未来的风险。您与其喋喋不休地和孩子说不要走弯路，不如让他有一些真实的疼痛的经历，那或许更有用。老话说："吃一堑，长一智"，您得教会孩子懂得管理那些您认为不太安全的事，毕竟，谁能保证他一辈子都不面临危险呢？如果有一天，您的孩子遇到了危险却认不出来危险，那才糟糕。

与孩子一起寻找生活中的"正反馈"

在与孩子一起找到控制感的过程中，家长有目的地做一些事情，是必要的。在这一过程当中，家长还需要不断地调整策略。

控制感并不是那么容易拥有，哪怕是成年人也是如此。所以，我们在这个过程中就要寻找"正反馈"来激励自己，当您和孩子

做得好的时候，要给自己一些认同，然后形成"正向反馈循环"。什么是正向反馈循环？是指某个事件的结果，反过来又可以强化该事件发生的原因，导致事件本身不断以指数的形式膨胀，最终达到系统所能允许的极限。"正向反馈循环"有多重要呢？

我举个例子。假设有个女孩小学二年级的时候对某道数学题目发生了兴趣，而这种兴趣带来了她数学成绩的进步，老师表扬了她，于是这一切所带来的成就感又促进了她继续学习数学。这样的正反馈在她的学习生涯中不断发生，没有任何一个数学老师因为她是女孩而否认她在数学方面的成绩。后来，这个女孩成为一名天才的数学家。在这个过程中，如果正向循环在孩子还没有建立足够自信的时候发生阻断，孩子的心情就会很糟糕，然后就会触发对学习的抵触情绪，导致成绩退步，成绩的退步又加重了周遭人对女孩学不好数学的刻板印象，于是就再也无法形成正向反馈循环，这个天才的数学家就会夭折。

任何人任何事都需要"正反馈"，哪怕是杰出的运动员、演奏家，他们的成才过程也都蕴含着"正向反馈循环"的重要性。他们做的那些枯燥而乏味的练习，最终在赛场上、舞台上形成了一个又一个的"正反馈"。这些"正反馈"又激励他们进一步进行练习。实际上，一个人越是能够得到"正反馈"，他就越能专注在自己的任务上，在攻克难题、克服困难中获得快感；相反，当一个人越是得到"负反馈"，他就越会分神去想其他事情，或者回到自己的舒适圈，一直不敢向前走。

按照儿童发展心理学的定义，孩子的成长有三个维度：生理发展、认知发展、社会性与情感的发展。咱们中国的家长，在孩子生理发展这方面都做得很好，孩子是不是长高了，是不是营养均衡了，都比较关心。那么，认知发展呢？认知发展指的是孩子智力上的发展，包括我们平常说的注意力、记忆力、语言能力等。其实，也就是与咱们平时比较在意的学习相关的发展。但是，认知发展又不仅仅与学校的学习成绩相关，比如有的孩子在很小的时候就体现出艺术方面的天赋，其实也是认知发展的一部分，但这个部分往往在成绩上不容易体现出来，有些家长就忽略了。最后，社会性与情感的发展。这是咱们家长最容易忽略的部分，我们总是忽略孩子在人际交往方面、情感方面的发展，甚至还会因为家长的原因，让孩子雪上加霜。

当我们试图与孩子一起寻找生活中的"正反馈"时，要从这三个方面入手，去观察孩子的发展，好的养育就是要促进孩子在这三个方面均衡发展。当您有信心干这件事情的时候，那您的状态也会越来越好。

 峰哥语录

- 任何一件事情背后都有一个正面的理由。
- 父母用正面肯定的教育是给孩子埋下了爱和希望的种子。

学会放松：
家长学会放轻松，不要把焦虑传给孩子

在我的直播间里，我见到了太多焦虑的父母，一些日常的小事，就觉得天都要塌下来了，其实很多事情没有我们想的那么严重。比如，孩子玩手机这件事。

焦虑的奶奶

最近和一个阿姨聊天，她在家帮着儿子看孩子。这位阿姨年纪也不大，对教育也很有自己的想法，但是，最近被孩子沉迷手机的事给难住了。她说，她家孩子从小还是比较听话的，小的时候想玩什么游戏、想玩什么玩具都会问她。追在奶奶身后说，奶奶，我可以玩这个吗？我可以玩那个吗？而且，玩完之后，从哪儿拿的还放回哪儿去。这几年孩子大了，却不像小时候了。现在，一说不让玩手机，也不吵不闹，就眼泪汪汪的，在那边默默生气，有时候还把东西摔了。而且，阿姨有时候忙，不能时时刻刻地看着他，他就完全失去自控能力，自己就拿起来了。

首先，我认为这个事特别正常。孩子没有自控能力，难道我们成年人就有吗？有多少成年人在手机面前也没有自控能力？我们明明知道不应该没完没了地刷短视频，但是每天晚上躺在床上，是不是也控制不住自己？想利用睡前的时间给自己一个解脱，说我今天累了，想刷刷短视频，结果根本停不下来，对不对？

那么，怎么解决呢？我必须坦诚地说，没法解决。既然成年人都做不到的事情，我们也不好妄想让孩子做到。要想让孩子彻底放下手机，只有两个办法：第一个，家里没有手机。这显然不现实，现在做什么都需要手机，连孩子上网课都需要 iPad。我记得，大概 10 年前，那会儿还是管着孩子看电视，很多有小孩的家庭就真的不买电视了，这个方法的确有效，可是手机不是电视，手机已经成为今天的必需品。第二个，就是家长干活的时候，没时间看着孩子的时候，也带着孩子一起干活。一方面，可以把时间消耗一点；另一方面，也培养孩子的动手能力、生存能力。您想，您看孩子写完作业了，您去干活了，孩子闲下来了。这时，手机跟孩子在一个地方，他必然会拿起来，就像一个成年人没事干的时候，一定会拿着手机扒拉。我出差的时候，看那些等火车、等飞机的人，几乎所有人都在那儿扒拉手机。所以，除非孩子有事干，否则手机就在他身边，您让孩子不玩，这个比登天还难。

自控力差的成人，往往是小时候被管得很严的人

自控力当然非常重要，但是自控力差的成人，一般是从小没

有自由，长大就自控不了。而且，一般是小时候哪方面被限制得严重，长大之后哪方面就自控力特别差。小时候不能玩游戏，长大之后就玩命玩；小时候不能吃凉的，长大之后就玩命吃；小时候不能和朋友出去玩，长大之后就玩命跑出去。我们是要约束孩子，但是不能过度，这样反而会损害他的自控力，使他长大以后更加自由散漫，因为他太想得到自由了。很多时候，小时候有较多的自控空间的人，长大以后反而非常自律。

　　另外，这位阿姨还说，孩子小的时候很听话，大了反而不行了。这也是非常正常的。孩子大了不好引导，因为他有了自己的思想。像我们家有两个孩子，老二现在还是小娃娃，还是比较好管的。其实，老大小的时候，也是很听话的，但现在就没那么听话。有时候，老大打完球回家，不换拖鞋就进屋，我就说他。但是，他有时候就忘了，或者说不在意，就需要反复强调。所以，家长不要太焦虑。其实，这位阿姨的孙子成绩很不错，在班级里也是前几名，她为什么还这么焦虑？据我观察，这位阿姨是有点完美型性格的人。阿姨就是那种里里外外都打理得特别好的人，也是家里的顶梁柱，所以，她就会对孩子要求特别高。我认为，越是优秀的家长越要提醒自己，要对孩子更包容、更理解。

　　实际上，家长的焦虑大多是由于过度地先将未来的事情嫁接到了现在。其实，只要我们好好地陪伴孩子、关注孩子、引领孩子，孩子就没那么容易走偏。家长要适当地放松，不要太焦虑的另外一个原因是，您的焦虑情绪会传染给孩子，这么一来，反而引发了孩子的焦虑，就得不偿失了。

峰哥语录 ▍▍▍

- 如何培养孩子的自律：放手。

- 给孩子空间，孩子会潜力无穷。

- 父母的焦虑、恐惧，几乎都来自一种对孩子的"控制错觉"。